거문도와 블라디보스토크

—19세기 한반도의 파행적 세계화 과정

서강학술총서
005

거문도와 블라디보스토크

19세기 한반도의 파행적 세계화 과정

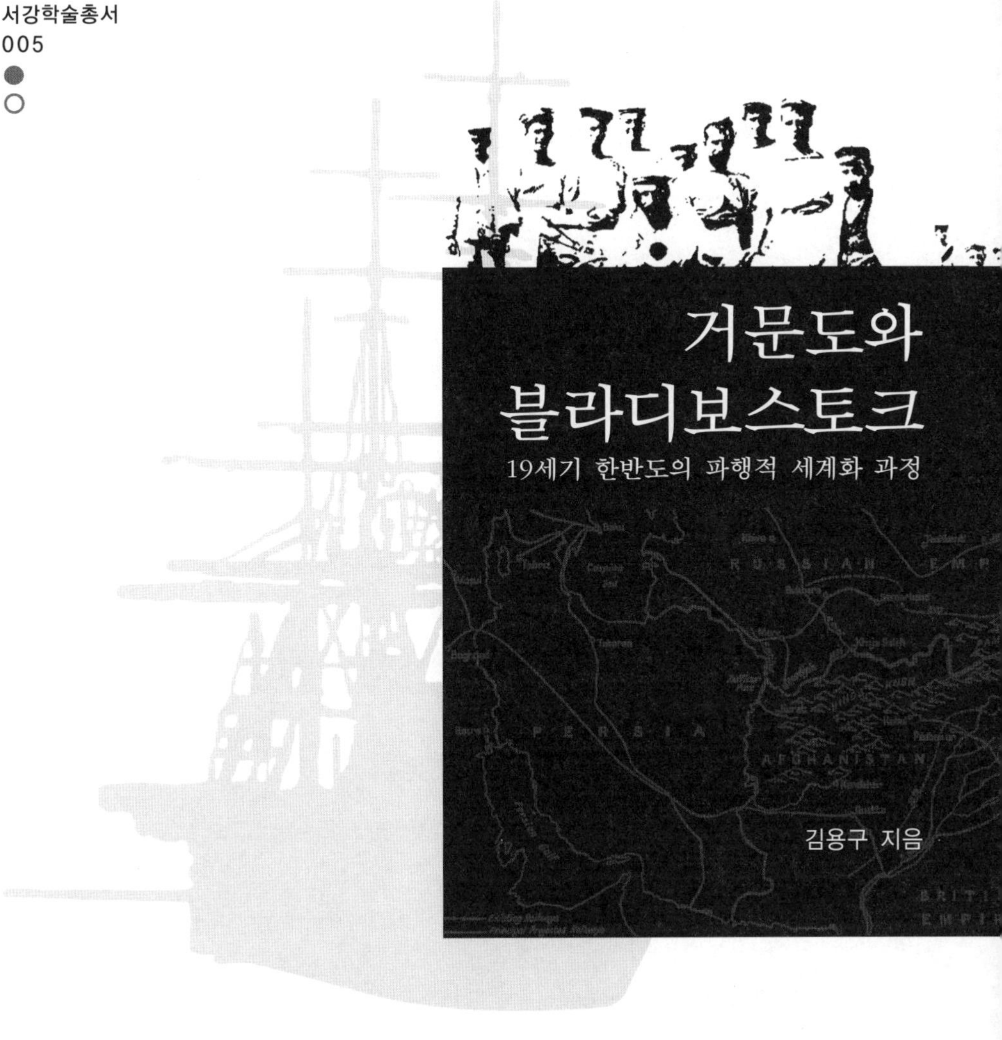

김용구 지음

서강대학교출판부

서강학술총서 005

거문도와 블라디보스토크

19세기 한반도의 파행적 세계화 과정

초판발행 | 2009년 4월 10일
지 은 이 | 김용구
발 행 인 | 손병두
편 집 인 | 우찬제
발 행 처 | 서강대학교 출판부
등록번호 | 1978년 9월 28일 제10-50호

주 소 | 서울특별시 마포구 신수동 1번지
전 화 | (02) 705-8212
팩 스 | (02) 705-8612

ISBN 978-89-7273-147-4 93340
ISBN 978-89-7273-139-9(세트)

값 14,000원

저자의 말

이 책의 표제 『거문도와 블라디보스토크』는 한반도 문제가 세계정치의 와중에 휩싸이게 되었다는 사실을 가리킨다. 거문도는 영국을, 블라디보스토크는 러시아를 은유적으로 표현하였다. 필자는 19세기에 접어들면서 온 지표(地表)의 분할에 앞장선 영국과 러시아의 진출에 한반도 문제가 어떻게 연결되었는지를 분석하고 세계외교사 서술에 있어서 러시아에 관한 하나의 신화를 해체하려고 한다. 러시아가 영토의 확장을 추구한 일은 다 아는 일이다. 그러나 영국은 세계 팽창의 속도나 범위에 있어서 러시아와는 비교가 되지 않을 정도로 앞서 있었다. 영국은 세계국가였고 러시아는 지역국가의 범주를 벗어나지 못하였다. 마치 냉전시대에 미국과 구소련의 관계와 유사하다.

러시아가 1860년에 획득해 개발 자체도 제대로 하지 못한 블라디보스토크 항구를 기항으로 삼아 보잘것없는 해군력으로 영국 해군과 전쟁을 감수하면서 거문도까지 진출한다고 상상하는 것은 상식의 논리를 벗어난 일이다. 외교사 교과서의 조작된 논리와는 정반대로 영국 해군성은 블라디보스토크를 침공하기 위한 공격기지로 거문도를 일찍이 지목하였고 거문도 점령에 관한 분석을 이미 1875년부터 수행하고 있었다.

한반도 문제가 영국과 러시아의 세계적인 충돌의 현안으로 등장하자 조선의 세계화는 파행적인 과정을 거치게 되었다는 데에 문제의 심각성이 있다. 비정상적인 세계화를 초래하게 된 국제정치적인 여건은 영국의 조선 경시 정책, 러시아의 현상유지 태도, 중국의 한반도 속국화 추진, 일본의 조선 후퇴 방침, 그리고 미국의 영국 추종 정책에서 비롯되었다. 이러한 세계화 과정은 결국 세계정치의 본질인 전쟁으로 가는 길목으로 직결되었다. 일본은 1890년 제국의회의 개원을 계기로 팽창 정책을 노골화하였고, 러시아는 1892년 시베리아 철도부설을 결정하면서 동북아시아 지역은 강대국들의 분할과 쟁탈의 대상이 된다. 거문도 문제는 1910년의 불행을 예고하였다.

대학 학부시절 거문도 문제의 강의를 수강하고 이에 관심을 가진 지 50년이 지나갔다. 그 후 대학 강단에 선 이후 서양 정치사상, 한국 · 세계 외교사, 공산주의 국제법, 구소련의 외교정책사를 넘나들면서 지적인 방황을 계속하였다. 한국외교사 문제로 끝내 되돌아왔다. 1864~1910년의 한국 대외관계사를 전통적인 외교사 서술 방식에 따라 5부작으로 완결하겠노라고 공언하였다. 2001년에 발표한 『세계관 충돌과 한국외교사, 1866~1882』, 2004년에 내놓은 『임오군란과 갑신정변: 사대질서의 변형과 한국외교사』, 그리고 이 책이 세 번째 저술이다. 당초 계획에 따르면 『청일전쟁과 조선』과 『러일전쟁과 조선』, 이 두 책을 마무리해야 한다. 그러나 이제 한국외교사를 열강 외교문서의 실증적인 분석에 입각한 집필은 당분간 중단하기로 한다.

필자는 2005년부터 한국외교사 문제를 문화사의 큰 틀에서 다시 조망해야 된다는 인식에서 새로운 연구 계획을 진행하고 있다. 부르크하르트(J. Burckhardt)를 다시 생각하고 코젤레크(R. Koselleck), 라이하르트(R. Reichardt)를 비롯한 독일 학계의 개념사 연구를 재해석하기 시작하였다. 2008년에 발표한 필자의 『만국공법』은 이런 문제의식에서 나온 저술이다.

한국외교사의 틀을 다시 구상하면서 거문도 사건의 집필을 몇 번이고 중단하였다. 여러 해를 방치해두기도 하였다. 그러나 우리의 영토를 침탈당한 이 불행한 역사적 사실을 한국의 학계에서 보다 더 천착해야 된다는 강박관념으로 늘 고민하였다.

필자의 정신적 부담감을 덜게 해준 고마운 계기가 찾아왔다. 2008년 초 서강대학교 서강학술총서 기획위원회에서 집필을 의뢰받고, 필자에게 숨겨둔 거문도 문제 원고가 있다는 것을 알아차린 서강대학교 정치외교학과 동료 교수들의 권유로 이 책을 마무리하게 되었다. 이들 모든 분께 감사의 말씀을 전한다. 교정과 색인 작성의 고된 일을 맡아준 한림대학교 사학과 박사과정의 박신애 · 이윤정 · 유영아 조교들에게도 고마움을 적는다.

2009년 3월 봉의산 기슭에서

김용구

일러두기

1. 조선은 1895년에, 중국은 1912년에, 그리고 일본은 1872년에 양력을 채택하였으나 이 책에서는 그 이전의 음력을 모두 양력으로 환산해 적었다. 1917년 소련 혁명 이전의 제정 러시아력(曆)도 양력으로 환산하였다. 제정 러시아력은 양력보다 12일이 앞서 있다.

이들 날짜를 모두 양력으로 환산한 것은 19세기에 접어들면서 세계 모든 지역의 문제들은 세계외교사와 연결돼 있기 때문이다. 다만 독자들이 동양 자료를 검색하는 데 도움을 주기 위해 중요한 날짜인 경우 음력을 병기하였다.

2. 중국과 일본의 인명 · 지명은 모두 원음으로 표기하였다. 러시아어의 영문 알파벳 전자(轉字) 표기는 *The Current Digest of Post-Soviet Press* 방법에 의거하였다. 한글 표기는 한국교육인적자원부 편수자료를 따랐다.

3. 영국과 러시아 문서 인용에 유의할 점이 있다. 영국 문서보관소(Public Record Office)에 소장된 외무성 문서 F. O.는 세 번호로 구성되어 있다. 예를 들어 F. O. 305/35/1의 문서는 거문도 점령 문서 번호인 305, 거문도 점령 문서 중 제1편인 35, 그리고 35 문서 중 첫 번째 문서를 지칭한다.

이 책에서 PRO의 F. O. 문서는 AADM과 BDFA를 함께 인용하였다. 그러나 BDFA에 해당 문서가 수록되어 있지 않을 경우에는 AADM만을 인용하였다. 다만 AADM은 본문에서 길게 설명하였듯이 편집에 문제가 많아 주의해야 된다. 따라서 AADM을 인용하는 경우 『한영외교사관계자료집』(동광출판사, vol. 3, pp. 9~266, 1997)과 대조해야 한다. 이 두 자료는 마이크로필름으로 된 PRO의 문서를 복사한 것인데 AADM의 편집에 상당한 문제가 발생한 것은 이해할 수 없는 일이다.

4. 러시아 문서보관소의 문서들은 서가(書架)fond—목록(目錄)opis—사건(事件)delo—엽(葉)list의 번호로 소장되어 있다. 이 책에서는 이들 번호가 확인되는 경우 이들을 모두 적기하였다.

약어표

* 한글은 한국의 문서를, 한문은 중국 또는 일본 문서를 지칭함.

덕안: 德案, 『舊韓國外交文書』, 24책 중, 고대 아세아문제연구소, 1966~1970.
미안: 美案, 『舊韓國外交文書』, 24책 중, 고대 아세아문제연구소, 1966~1970.
秘書: 『秘書類纂 朝鮮交涉資料』, 24冊, 東京, 1936; 3冊, 復刻, 1970.
실록: 『高宗實錄』, 高宗朝, 3책, 서울, 探究堂, 1970.
아안: 俄案, 『舊韓國外交文書』, 24책 중, 고대 아세아문제연구소, 1966~1970.
영안: 英案, 『舊韓國外交文書』, 24책 중, 고대 아세아문제연구소, 1966~1970.
李文: 『李文忠公全集』, 吳汝綸 編, 160卷, 1905. 洋裝本 7冊으로 臺灣, 文海出版社에서 1962 복간.
일기: 『承政院日記』, 高宗朝, 15冊, 國史編纂委員會, 1967~1968.
일안: 日案, 『舊韓國外交文書』, 24책 중, 고대 아세아문제연구소, 1966~1970.
일록: 『日省錄』, 高宗朝, 제65~84책, 서울대학교 규장각, 1995~1996.
日外: 『日本外交文書』, 明治年間, 73冊, 日本 外務省, 1933~1963.
日韓資料: 『日韓外交資料集成』, 金正明 編, 10冊, 東京, 1966.
全集: 『李鴻章全集』, 顧廷龍, 戴逸 主編, 安徽教育出版社, 39冊, 1993~2007.
中日: 『清光緒朝中日交涉史料』, 故宮博物院 文獻館編, 1932; 2冊, 臺灣, 1963.
中日韓: 『清季中日韓關係史料』, 中央研究院 近代史研究所, 11冊, 1972.
청안: 清案, 『舊韓國外交文書』, 24책 중, 고대 아세아문제연구소, 1966~1970.
清外: 『清季外交史料』, 王彦威輯, 王亮編, 1931~1934; 9冊, 臺灣, 1964.
追補: 『日本外交文書』, 明治年間追補, 日本 外務省, 1963.
통서: 『統署日記』, 『舊韓國外交關係附屬文書』, 제3권, 서울, 1972.
韓日史料: 『韓日外交未刊極秘史料叢書』, 金容九 編, 50冊, 서울, 1995~1996.
해군성 문서: 『러시아 국립해군성 문서 I(1854~1894)』, 한국국사편찬위원회, 2007.
AADM: Park Il-Keun ed., *Anglo-American Diplomatic Materials Relating to Korea, 1866~1886*, 서울, 1982.
ADPP: *American Diplomatic and Public Papers; The United States and China*, Series II, *The United States, China, and Imperial Rivalries, 1861~1893*, Vol. 9~11, Davids, Jules, ed. 3 vols., Wilmington, 1979.
AVPR: Arkhiv vneshnei politiki Rossii(러시아 대외정책 문서보관소)
BDFA: *British Documents of Foreign Affairs*, K. Bourne & D. C. Watt, eds., Part I Series

E Vol. 2; *Korea, Ryukyu Island, and North-East Asia, 1875~1888*, University Publication of America, 1989.

BFSP: *British and Foreign State Papers*, L. Hertslet, ed. 1825~; E. Hertslet, ed. 1870~; Foreign Office, 1896~.

DP: Document politique

FRUS: *Foreign Relations of the United States*, 1866~1887.

GARF: Gosudarstvennii arkhiv Rossiskoi Federatsii(러시아연방 국가문서보관소)

GP: *Die grosse Politik der europäischen Kabinette, 1871~1914*, Friedrich Thimme, Johannes Lepsius, Albrecht Mendelssohn-Bartholay, eds., 40권 54책, 1922~1926.

KA: Krasny arkhiv(붉은 문서). "Pervye shagi russkogo imperialisma na Dalnem Vostoke(1888~1903),"(극동에서 러시아 제국주의 첫걸음들), 52(1932), pp. 34~124. 영어 번역; "First Steps of Russian Imperialism in the Far East," *Chinese Social and Political Science Review*, XVII/2(1934), pp. 236~281. 장룽추(張蓉初) 번역; "俄帝在遠東關係文書,"『中日戰爭』, 제7책, 1957, pp. 209~318.

KAR: *Korean-American Relations. Documents pertaining to the Far Eastern Diplomacy of the United States, The Initial Period, 1883~1886*, George M. McCune and John A. Harrison eds., Berkeley, 1951.

NA: National Archive

PP: *Parliamentary Papers*

PRO: Public Record Office

RGAVMF: Rossiskoi gosudarstvennii arkhiv Voenno-Mosrkogo Flota(러시아 해군 국가문서보관소); 국사편찬위원회 역,『러시아 국립해군성 문서 I(1854~1894)』, 2007.

RGIA: Rossiskii gosudarstvennii istoricheskii arkhiv(러시아 역사 국가문서보관소).

RGVIA: Rossiskii gosudarstvennii voenno-istoricheskii arkhiv(러시아 군사[軍史] 국가문서보관소 약칭 RGVIA)

TsGA RSFSR: Tsentralnii gosudarstvennii arkhiv RSFSR(러시아-소비에트연방 사회주의공화국 국립중앙문서보관소)

TsGAVMF SSSR: Tsentarlanyi gosudarstvennyi arkhiv voenno-morskogo flota SSSR(소련 해군 관련 중앙 국가 문서)

TsGVIA SSSR: Tsentarlanyi gosudarstvennyi voenno-istoricheskii arkhiv SSSR(소련 전사 관련 중앙 국가 문서)

차례

제1부
서론

제1장
영국과 러시아, 그리고 한반도

1. 19세기의 특징

19세기는 폭력(nasilstvennost)과 파우스트(Faust) 정신의 역사적 기간이었다.[1] 폭력은 물리적인 힘만을 의미하는 것이 아니다. 자신의 사고방식과 이익을 최고의 가치로 간주하고 다른 사람을 이에 종속시키려는 의지를 의미한다. 파우스트 정신은 먼 거리를 정복하기 위한 욕망, 탐험에 대한 집착, 보다 더 많은 생산을 위한 발전, 그리고 신속한 여행을 위한 기계 발명의 욕구를 뜻한다.

폭력과 파우스트의 유럽 문명권은 그들 이외의 다른 문명권의 존재를 인정하지 않는다. 이들 지역은 팽창과 섬멸(debellatio)의 대상일 뿐이다. 18세기와 근본적으로 다른 역사적 기간이다. 1814~1815년 빈(Wien) 회의

1 유럽문명권의 특징을 폭력이라고 처음 주장한 사람은 러시아의 급진 사회주의자 다닐레프스키(N. Ya. Danilevsky, 1822~1885)였다. 그리고 파우스트 정신(Faustian spirit)이라는 용어는 슈펭글러(O. Spengler)가 유럽 문명의 특징을 상징화하기 위해 괴테(J. W. Goethe)의 작품에서 차용한 낱말이다. 김용구(2001), pp. 43~46; 김용구(2002), pp. 3~12.

이후 영국이 이런 현상을 주도하는 세계국가로 등장해온 세계를 개편하게 된다. 물론 한반도도 예외는 아니었다. 1885년 4월 영국의 거문도 점령이 이런 현실을 웅변적으로 말해주고 있다. 19세기 중엽 이후 거문도 사건이 발발할 때까지 영국과 러시아의 한반도 인식의 특징을 보도록 하자.

2. 영국의 한반도 인식

1854년 크림전쟁이 발발한 이후 1882년 영국이 조선과 조약을 체결할 때까지 영국이 조선을 어떻게 인식하였는지는 허츨렛(E. Hertslet)이 작성한 「조선에 관한 각서」(Memorandum respecting Corea)[2]에 잘 나타나 있다. 허츨렛은 외무성 사서(司書)로서 그 누구보다도 영국의 비밀문서들을 열람할 수 있는 위치에 있었을 뿐 아니라 그 자신이 외교사 문제의 권위자였다. 1882년 조선과 영국 사이에 수호조약이 체결되자 허츨렛은 그해 12월 19일에 1854년 이후 조선에 대한 영국의 정책이나 태도의 줄거리를 외무성의 미공개 자료를 중심으로 이 문서를 작성하였다.

이 각서는 본문, 요약, 그리고 조선에 관한 서유럽의 연구들을 부록으로 첨부해 39페이지에 달하는 장문의 정책적 조사이다. 결론은 두 가지로 요약할 수 있다. 첫째는 세계 정치의 안목에서 한반도를 바라보고 있다는 점이다. 러시아와 세계적인 규모에서 대치하고 있는 상황 속에서 한반도의 위치를 인식하고 있다. 블라디보스토크로부터 남하하는 러시아의 세력을 한반도 부근에서 저지해야 된다는 것이 영국 정책의 관건이다. 둘째는 한반도가 영국의 수출시장으로서 어느 정도의 가치가 있는가 하는 데

2 BDFA, doc. no. 1, pp. 1~39.

에 관심이 모아져 있다. 러시아 세력을 대처하는 전략적인 요충지로서, 그리고 경제 진출의 시장으로서의 조선의 가치를 저울질하고 있었다.

1882년 조선과 수호조약을 체결할 때까지 영국의 기본 노선은 러시아가 한반도에 개입하지 않는 한 영국도 한반도 문제에 관여하지 않는다는 것이다. 그리고 중국 시장에 대한 신화를 갖고 있던 영국은 한반도 시장의 구매력에 매우 회의적이었다. 부산 왜관을 통한 영국 상품 수출에 만족하고 있었다. 1880년 여름, 영국 영사로서는 처음으로 왜관을 직접 방문한 스펜스(D. Spence)는 이곳에서 판매하는 면제품이 모두 상하이에서 수입한 영국 상품임을 확인하고 있다.[3]

중국 시장 개척에 혈안이었던 영국은 중국의 한반도 정책의 충실한 지지자로 출발하였다. 한반도의 현상 유지를 그 어떤 나라보다 원하였다. 현상이 변경되면 러시아가 여기에 개입할 것을 가장 우려하였기 때문이다. 영국 정부로서는 한반도는 크게 고려할 지역이 아니었다. 그리고 영국 외무성에는 조선 전문가는 물론 동북아 문제의 전문가도 없었고 이런 문제를 깊이 고려하지도 않았다. 중국을 어느 정도 알고 홍콩에서 수년을 보낸 바 있는 외무차관 폰스포트(J. Pauncefote)는 너무나 분주해 중국 문제를 생각할 여유도 없었고 그랜빌(G. L. G. Granville) 외상도 동북아 문제에 관해서는 서명하는 것 이외에는 아무것도 공헌한 것이 없었다. 영국 하원도 1880년에서 1885년 사이에 중국 문제를 토의한 것은 고작 수차례에 그쳤다.[4] 영국 정부 차원의 조선 경시 정책은 한반도를 세계의 주변 지역으로 계속 머물게 한 주요 원인이었다. 그런데 이런 영국의 한반도 경

---

3 F.O 405/31/99, Wade to Granville, Peking, Feb. 18, 1881(Received Apr. 16), Inclosure, Report by Mr. Spence of His Visit to Corea with His Royal Highness the Duke of Genoa, Sept. 9, 1880, AADM, p. 86.

4 Kiernan(1939), pp. 307~308.

시 정책은 러시아의 태도와 매우 잘 어울리는 것이었다.[5]

3. 러시아의 한반도 인식

동북아 국제정치에 러시아 문제가 현실적으로 등장한 것은 1858년 아이훈 조약(愛琿條約), 그리고 이 조약을 보완한 1859년 톈진 추가조약(天津追加條約) 이후의 일이다. 이들 조약으로 중국은 아무르(Amur) 강 좌안(左岸)을 러시아에 할양하였기 때문이다.

거문도 사건이 발발할 때까지 러시아 외교 정책의 기본 방향은 서유럽 · 중동, 그리고 중앙아시아로 향한 확장이었다. 동북아 지역에 파견되는 정치인이나 외교관들은 매우 소수였고 파견되어도 긴 휴가로 러시아 본국에 머물러 있었으며 비전문적인 서기관을 대리공사로 남겨두는 것이 예사였다. 위테(S. Yu. Vitte, Witte)의 말대로 당시 러시아에서는 중국 · 조선 · 일본을 아는 사람은 극소수였으며 외상인 로바노프(A. B. Lobanov-Rostovsky)는 극동 문제에 관해서는 일반 학생 수준의 지식을 갖고 있었고 기르스(N. K. Girs, Giers) 외상도 황제에게 "예"라고만 말하는 인사였다. 더욱이 그는 1885년 아프가니스탄 사태 당시에는 흥분과 불안의 절망적인 정신상태에 있었다.[6]

---

5 일선 외교관 중에는 조선 전문가들이 없었던 것은 아니다. 도쿄 주재 영국 공사관의 서기관 사토(E. Satow)는 이동인(李東仁)과 연결되어 조선어를 읽히고 소설 『황량전』(黃粱傳)을 서로 읽을 정도였다. 조선 사정에도 정통하여 그의 보고서는 극비 사항으로 그의 선배인 도쿄 공사관의 케네디(J. P. Kennedy)와 런던 외무성의 고위직 관리들 몇 명만이 알 수 있었다. 일본 주재 공사 파크스(H. Parkes)도 그의 보고 라인에서 제외되어 있었다. 또한 고베 주재 영국 영사 애스턴(W. G. Aston)은 무불(無不) 탁정식(卓挺埴)과 연결되어 조선과 영국 수호조약 체결의 비밀 라인이었다. 자세한 것은 김용구(2001), p. 268 이하.

6 Kiernan(1939), pp. 289~290.

무관심의 대표적인 지역이 한반도였다. 1884년 조선과 러시아 사이에 수호 조약이 체결되고 다음해 베베르(K. I. Veber)가 조선에 주재하는 공사(minister)로 임명됐다고 유럽 문헌들은 쓰고 있으나 러시아 명단에는 베베르는 공사가 아니라 대리공사(chargé d'affaire)로 되어 있다.[7] 러시아 참모본부의 간행물들도 1884년 이후에야 조선에 관심을 갖게 되었고 1886년까지 참모본부는 조선에 아무런 관리도 파견하지 않았다.[8] 한반도는 러시아의 극동지역 주민들을 위한 생필품 공급 지역으로만 인식되었다. 러시아의 경제적 후진성으로 인해 한반도의 현상을 그대로 유지한다는 '기다리는 정책'(vyzhidatilnaya politika)을 고수하였다.

새로 획득한 연해주가 러시아 중앙으로부터 원거리에 있으며 교통이 불편하다는 점, 극동에 배치된 러시아의 병력이 미비한 상황, 연해주의 개발을 위해서는 북(北) 조선 지역으로부터 생필품 공급이 불가피하다는 사정, 그리고 당시 러시아의 경제 수준으로 보아 이 지역에서 서유럽 세력과 경제 진출을 놓고 경쟁할 수 없었다는 점으로 보아 러시아는 동북아 지역에서 현상 유지에 한동안 만족해야만 하였다. 러시아는 조선이 열강에 개방되는 것을 저지하고 현상을 그대로 유지하면서 연해주 개발에 필요한 생필품을 북 조선 지역으로부터 확보하는 데에 주력하였다고 해석된다. 이것이 기다리는 정책의 핵심이었다.

그러나 이런 정책 노선은 거문도 사건으로 더 이상 지탱할 수 없게 되었다. 영국 당국은 그들의 거문도 점령의 명분을 1884년 이후 조선과 러시아의 접근에서 찾고 있기에 이 문제를 간략하게 살핀다.

---

7 Lensen(1968), p. 203, note 1.

8 Malozemoff(1958), pp. 15~16.

4. 러시아 문제의 대두

1884년 7월 조선과 러시아의 수호조약이 체결된 이후 양국 관계는 묄렌도르프(P. G. von Möllendorff, 조선 체류기간: 1882년 12월~1885년 11월)의 행각으로 매우 복잡한 양상을 띠었다. 그가 조선에서 중국의 영향력에 대항하기 위한 세력으로 러시아를 지목하였기 때문이다. 묄렌도르프의 러시아 접근은 1884년 8월~9월 사이 그가 잠시 중국을 방문했을 때부터 시작된다.

그는 8월에 중국 주재 러시아공사관 무관 육군 중령 쉬네우르(Shneur)와 만난다. 묄렌도르프는 러시아 · 영국 · 일본이 공동으로 벨기에의 경우와 같이 조선의 독립을 보장해주길 희망한다는 조선 조정의 의사를 전하였다. 러시아가 이런 큰 역할을 하지 않는다면 조선은 영국 보호령으로 될지 모른다고도 말하였다. 쉬네우르는 그런 제안을 러시아 정부에 직접 전달하라는 의견을 제시하였다.[9]

묄렌도르프는 마침 톈진에 머물고 있던 러시아 태평양 함대 사령관 크로운(A. E. Kroun) 해군 소장을 9월에 찾아간다. 영국이 장차 조선에 보호령을 설치하려고 하며 거문도를 점령하려고 한다는 정보를 제공하였다. 크로운도 러시아 정부에 직접 제안하도록 권고하였다.[10] 1884년 9월에 영국의 거문도 점령에 관한 정보를 묄렌도르프가 말했다는 것은 흥미로운 일이다. 이때는 영국 해군성에서는 이에 관해 아무런 논의도 없었을

---

9 Pisma Mëllendorfa ot 14 avgusta 1884 g. i raport polkovnika Shneura ot 20 avgusta 1884 g.(1884년 8월 14일자 묄렌도르프 서한 그리고 1884년 8월 20일자 육군 중령 쉬네우르의 보고), TsGVIA Narochnitskii(1956), p. 370.

10 Kopiya telegrammy Krouna iz Vladivostka ot 20 sentyabrya 1884 g.(1884년 9월 20일자 블라디보스토크로부터 온 크로운 전보 사본), TsGAVMF, Narochnitskii(1956), pp. 370~371; Pak(1979), p. 81; Lensen(1982), p. 33.

시기였다. 그러나 러시아가 거문도·영흥만, 또는 제주도를 점령한다는 풍문 같은 잡다한 소문들이 난무하고 있었음을 알 수 있다.

러시아 외무성은 묄렌도르프의 제안을 심의하여 다음과 같은 결론에 도달하였다. 먼저 묄렌도르프의 제안이 고종으로부터 나왔다고 확신할 수 없다. 또한 러시아 외무성은 조선의 정치 상황에 관해 자세한 정보도 보유하고 있지 않다. 조선과 영국 관계는 더 연구해야 한다. 따라서 묄렌도르프가 요청한 약속은 러시아와 서유럽 열강이나 중국 사이에 오해를 야기하고 조선의 국제 환경을 변경시킬 가능성이 있기 때문에 조선에 어떠한 약속도 주어서는 안 된다[11]는 입장이었다. 그리고 기르스 외상은 이 문제를 일본 주재 공사 다비도프(A. P. Davydov)에게 위임하였다.[12]

러시아 외무성은 10월 1일 다비도프에게 조선 국왕에게 영국의 보호령을 허용치 말고 거문도를 영국에 양여하지 말도록 권고할 것, 그렇지 않으면 조선의 국제적인 여건을 변경하게 될 것임을 조선에 알리라고 전보로 훈령하였다.[13] 외무성은 이어서 10월 8일에는 러시아 정부가 조선의 현재 국제 여건을 무조건 보장하는 데 일본 정부와 협력할 것을 알리라고 다비도프 주재 공사에게 전하였다.[14]

묄렌도르프의 러시아 접근은 갑신정변 이후에도 계속되었다. 그는 1884년 12월 중순 나가사키 주재 러시아 영사에게 러시아의 보호 통치를

---

11 Proekt vesma sekretnoi depeshi A. P. Davydovu ot 26 sentyabrya(8 oktyabrya) 1884 g.(1884년 9월 26일[서력 10월 8일] 다비도프에게 보낸 극비 문서 초안), AVPR, Pak(1979), p. 82.

12 RGAVMF, 410-2-4122-59~60, 『해군성문서』(2007), p. 66.

13 Telegramma Davydovu ot 1 oktyabrya 1884 g.(1884년 10월 1일자 다비도프에게 보낸 전보) AVPR, Narochnitskii(1956), p. 371.

14 Depesha Davidovu ot 8 oktyabrya 1884 g.(1884년 10월 8일자 다비도프에게 보낸 문서), AVPR, Narochnitskii(1956), p. 371; Pak(1979), p. 82; Lensen(1982), p. 33.

요청하고 군함과 200명의 병사를 인천에 파견해줄 것을 요청하였다.[15]

러시아 정부로서는 이제 조선의 사정을 정확히 알 필요가 있게 되었다. 그리하여 일본 주재 일등 서기관 쉬페이에르(A. N. Shpeier, 또는 Shpeyer)[16]를 조선에 파견키로 하였다. 그는 1884년 12월 30일부터 다음해 1월 6일까지 조선에 머물게 되는데 이로 인해 한반도의 정세는 더욱 복잡하게 되었다. 그가 일본을 떠나기 전에 다비도프 공사가 그에게 교부한 훈령의 내용은 다음과 같은 내용이었다. 갑신정변과 조선의 정세에 관해 정보를 수집할 것과 러시아 보호를 요청한 묄렌도르프와 개인적으로 회담할 것을 훈령하고 있다. 그리고 쉬페이에르는 '러시아 정부의 공식적인 대표'로 파견되는 것이 아니기 때문에 '러시아 제국 정부의 약속으로 인정될 수 있는 어떠한 행위도 자제'할 것을 요청하였다. 또 묄렌도르프와 회견할 때에는 조선이 정확하게 무엇을 원하고 제안하는지를 탐지할 것과 외국과 흥정을 하는 것이 조선에 위험하다는 것을 그에게 설득하라고 하였다.[17]

쉬페이에르는 1884년 12월 30일 인천에서 서울로 향했다. 그리고 1885년 1월 1일 고종을 알현하였다. 고종은 묄렌도르프에게 조선의 희망사항을 러시아에 전하도록 자신이 말했다고 토로하였다. 그리고 조선은 '서유럽 열강 중 미국과 가장 친하지만 우리의 강력한 인접 국가와는 같

---

15 Sekretnaya telegramma A. P. Davydova iz Tokio ot 14 dekabrya 1884 g.(1884년 12월 14일자 도쿄로부터 다비도프의 비밀 전보) AVPR, Pak(1979), p. 82; Narochnitskii(1956), p. 371. RGAVMF, 410-2-4122-99~102, 『해군성문서』(2007), 1884년 12월 5일(서력 12월 17일) 기르스 외상이 쉐스코프 해군본부장에 보낸 서한, pp. 91~92.

16 그가 페테르부르크 법과대학에 재학할 때 근위대 대위였던 그의 부친이 사망하자 외교관으로 특채되어 도쿄 주재 러시아 공사관에서 근무하게 되었다. 박종효(2002), p. 211.

17 Kopiya instruktsii, dannoi rossisko-imperatorskim poslannikom v Yaponii A. P. Davydovym A. N. Shpeiru 20 dekabrya 1884 g.(1884년 12월 20일 일본 주재 러시아 제국 공사 다비도프가 쉬페이에르에게 준 훈령 사본), AVPR, Pak(1979), p. 83.

지 않다'고 미국보다 러시아가 더 친근할 수 있다고 암시하였다. 고종은 이런 어려운 시기에 러시아가 조선과 맺은 조약에 따라 관리들을 파견해 줄 것을 희망한다고까지 언급하였다.[18]

쉬페이에르는 고종 알현 이후 묄렌도르프와 회견하였다. 묄렌도르프는 갑신정변은 다케조에 신이치로(竹添進一郎) 일본 공사의 사주로 야기되었다고 전제하고 이제 조선은 강력한 국가의 보호를 받아야 하는데 러시아를 그 보호자로 생각한다고 말하였다. 러시아가 보호자의 역할을 원하지 않는다면 다른 국가에게 벨기에와 같은 보장을 조선에 제공토록 제안하길 바란다고 덧붙였다. 그는 더 나아가 보호 통치의 대가로 조선은 러시아에게 해군 정박 기지로 영일만(迎日灣)을 러시아 상인에게 조차하는 형식으로 이용케 할 수 있다고까지 제시하였다. 영일만은 영흥만보다 양호하다고도 말하였다.[19]

그러나 기르스 외상은 쉐스타코프 해군본부장에게 조선의 보전(保全, tselost)이 위협받지 않는 한 관망자적 역할(nablyudatelnii rol)을 고수해야 한다는 것을 역설하고 있다.[20] 1885년 1월 20일에 기르스 외상은 알렉산더 3세에게 다음과 같이 건의하였다.

> 중국과 일본이 충돌하게 되면 우리들로부터 노력과 희생을 요구하게 됩니다. 이런 노력과 희생은 현재 우리들이 조선에서 갖고 있는 우월한 지위로부터 나오는 제한된 이익과 비교하면 더 큽니다. [따라서 러시아는 어떤 적극적인 약속을 하여 조선으로 하여금 기대를 갖지 않게 해야 한다고 기르스 외상은 주의하고

18 Kopiya telegrammy Davidiva iz Tokip ot 17 yanvarya 1885 g.(1885년 1월 17일 도쿄에서 보낸 다비도프의 전보 사본), AVPR, Pak(1979), p. 84.

19 위 전보 사본, Narochnitskii, p. 372; Pak(1979), p. 84; Lensen(1982), pp. 34~35.

20 RGAVMF, 410-2-4122-104~105, 1884년 12월 16일(서력 28일), 410-2-4122-109~110, 1884년 12월 19일(서력 31일), 『해군성문서』(2007), pp. 93~95.

있다] [……] 조선에 대한 우리 관계의 주요 이해는 조선이 태평양에서 우리와 직접 국경을 맞대고 있다는 것인데 우리의 경제력과 군사력이 이곳까지 발전돼 있지 못 합니다. [따라서] 이 나라와 우리의 관계에 악영향을 미치게 될 어떤 다른 우월한 세력이 [이곳에] 공고화되지 못하도록 우리는 배려해야 합니다.

황제는 보호 통치에 대한 관심을 버리지 못하였다. 그는 기르스 외상 의견에 전체적으로 동의했으나 기르스 각서 난외(欄外)에 "이 모든 것은 매우 좋다. 그러나 이 좋은 기회를 상실하면 안 된다고 다시 말하는 바이다"라고 적어놓았다.[21]

기르스 외상은 이날 다비도프 공사에게 비밀 훈령 전문을 보냈다. 보호 통치 문제는 그것이 중국과 일본 사이에 충돌을 야기하지 않는다는 확신이 있을 때까지 아무런 결정을 하지 않을 것이다. 다만 장차 서울에 파견될 러시아 외교관이 이 문제를 조선과 의논하게 될 것이라고 전달하였다.[22]

조선의 러시아 접근 시도는 계속되었다. 1885년 2월 7일 조선 관리 세 사람이 연해주의 노보키예프스코에(Novokievskoe, 巖杵河)에 와서 러시아 관리와 접촉하고 러시아 황제의 전보를 받고 2월 27일까지 이곳에 머물다가 돌아갔다고 1885년 4월 5일(음력 2월 20일) 길림장군(吉林將軍) 시옌(希元)이 총서에 보고하여 조선과 러시아 사이에 이상한 관계의 진전이 중국에 알려지기 시작하였다. 시옌은 접촉의 자세한 내용은 아직 모르나 러시아의 전보를 받았다는 사실로 보아 그 형광이 괴상하고 비밀스럽다고

21 Vsepoddanneishaya zapiska ministra inostrannykh del N. K. Girsa ot 20 yanbarya 1885 g.(1885년 1월 20일 기르스 외상이 바친 각서), AVPR, Narochnitskii(1956), p. 372; Pak(1979), 85.

22 Proekt sekretnoi telegrammy v Tokio A. P. Davidivu ot 20 yanvarya 1885 g.(1885년 1월 20일자 도쿄 다비도프에게 보낸 비밀 전문 초안), AVPR, Pak(1979), p. 85.

보고하였다.[23]

쉬페이에르가 서울을 떠나고 얼마 후에는 남(南) 우수리 지방 국경위원회 소속 육군 대령인 베네프스키(Benevskii)에게 권동수(權東壽)와 김용원(金鏞元)이 다음과 같은 내용의 서한을 전달하였다.

> 조선은 일본과 조약으로 연결돼 있으나 현재 발생되고 있는 무질서를 보면 [일본의] 우의를 기대할 수 없고 중국이 비록 우리 왕국의 방어자라고 하더라도 [중국에게] 의뢰할 수도 없다. 따라서 우리는 온 세상에 그 우애와 공평이 알려진 귀국에 호소하는 바다. [……] 우리들은 일본이 우리에게 하고 있는 위협적인 활동을 중지하도록 동방에 있는 귀국 외교관에게 알릴 것을 요구하는 바다. [중국의 보호 요청을] 조선 조정은 중국 군대의 증강과 [중국에] 완전 예속을 두려워해 원하고 있지 않다.[24]

러시아 정부의 훈령에 의해 권동수와 김용원에게 러시아의 입장이 전달되었다. 첫째, 조선에 러시아의 공식적인 대표자가 파견돼 한러조약을 비준할 것이며 양국의 육로장정을 심의한다. 둘째, 외부 침해로부터 조선을 유효히 보장할 수 있는 안건을 이 대표자가 심의한다. 마지막으로 태

23 『中日韓』, 4, 문서번호 969, p. 1709. 리훙장은 5월 7일(음력 3월 23일) 총서에 이들 세 사람은 통사(通辭) 신병여(申炳汝), 패장(牌將) 김교감(金校監)과 백랑청(白郎廳) 등 세 사람으로 이들은 러시아와 육로통상을 협의하기 위해 파견된 것이라고 진단하였다. 『中日韓』, 4, 문서번호 979, pp. 1762~1763. 그리고 리훙장은 6월 23일(음력 5월 11일) 총서에 보낸 서한에서 이들이 러시아에 요청한 사항 중에는 러시아 보호 요청이 있었다고 보고하고 있다. 『中日韓』, 4, 문서번호 999, pp. 1831~1835.

24 Tekst pisma Kvon Donsu i Kim Enkhvana Benevskomu v perevode na russkii yazyk(러시아어로 번역된 권동수와 김용원의 서한 원본); Shifrovannaya depesha polkovnika Benevskogo voennomu gubernatoru Primorskoi oblasti I. G. Baranovu ot 10 fevralya 1885 g.(1885년 2월 10일자 육군 대령 베네프스키가 연해주 지방 군사 총독 바라노프(Baranov)에게 보낸 암호 보고), TsGA RSFSR, Pak(1979), p. 86.

평양에 있는 러시아 해군이 조선 연안을 관찰하도록 한다.[25]

조선의 계속된 요청에 러시아 정부는 연해주 총독 코르프(A. N. Korf) 백작에게 의견을 물었다. 이에 대해 코르프는 조선 문제로 중국과 일본이 전쟁을 하는 경우에 러시아는 이에 대해 심각한 주의를 하지 않을 수 없었다. 중국이 승리하면 조선 항구를 얻어 경제적으로도 우수리 지방을 압도할 것이었다. 일본이 승리하면 서유럽 세력과 손을 잡고 러시아에게는 두려운 이웃이 될 것이었다. 따라서 러시아는 조선의 독립을 공고히 하면서 자신의 영향력을 확장해야 했다. 러시아 외교는 무엇보다 서울에 중국이나 일본 군대의 주둔에 반대해야 했다.[26]

1885년 2월에 묄렌도르프는 일본에 나타났다. 조선 관복을 입고 무절제한 행동을 서슴지 않는 그에게 도쿄 주재 외교관들은 혐오감을 느꼈다. 다만 본(Bonn)에 유학한 바 있는 다비도프 공사만이 그를 환대하였다.[27] 3월 초에 있었던 두 사람의 회견에서는 다시 조선의 보호 통치 문제가 주요 논제가 되었다. 묄렌도르프는 러시아의 결심을 다시 촉구하면서 조선 독립 보장의 세 가지 가능성을 제시하였다. 첫째 러시아 · 중국 · 일본이 조선의 중립과 영토 보전을 보장하는 방법, 둘째 러시아의 군사적인 보장, 셋째 조선의 보전을 보장하는 러시아의 일반적인 보호 통치. 이와 더불어 묄렌도르프는 조선에서 중국과 일본 군대가 철수하는 경우 4인의 러시아 장교와 16인의 하사관의 조선 파견을 다시 요청하였다.[28] 이어,

---

25 Vsepoddanneishii otchet Priamurskogo general-gubernatora za 1885 g.(1885년도 연해주 총독이 [황제께] 바친 보고), TsGAVMF SSSR, Pak(1979), p. 86.

26 Proekt sekretnoi instruktsii K. I. Veberu, 7 maya 1885 g.(1885년 5월 7일자 베베르에게 보낸 비밀 훈령 사본), AVPR, Pak(1979), pp. 86~87. 그런데 Narochnitskii(1956, p. 373, note 3)는 다른 문서(TsGVIA VUA, S.)를 인용하여 코르프가 조선에 육군 파견을 건의했으나 러시아 참모본부가 중국과의 관계가 문제된다면서 반대했다고 적고 있다.

27 Lensen(1982), p. 35.

28 Donesenie Davydova iz Tokio ot 8 marta 1885 g.(1885년 3월 8일자 도쿄로부터 다비도

묄렌도르프는 뒤이어 있었던 다비도프에게 러시아가 거문도를 점령할 것을 제안하기까지 하였다. 물론 다비도프는 침묵을 지켰다.[29]

조선과 러시아의 배후 접촉은 영국의 거문도 점령으로 이제 다른 차원의 문제로 변하게 되었다.

프의 보고), AVPR, Narochnitskii(1956), p. 372, pp. 372~373, note 5; Lensen(1982), pp. 35~36. 다비도프의 보고를 러시아 외무성은 4월 16일 받아 보았다.

29 Donesenie Davidova ot 10 marta 1885 g.(1885년 3월 10일자 다비도프의 보고), AVPR, Narochnotskii(1956), p. 373.

제2장
거문도와 세계외교사

1. 벨

1885년 4월 영국의 거문도 점령은 갑자기 발생한 사건은 아니었다. 열강들은 해군 요충지로서 거문도를 일찍이 주목하였다. 거문도가 세계외교사와 연결하게 된 과정을 살펴본다.

거문도의 전략적 중요성이 처음 거론된 것은 영국이나 러시아와 같은 19세기의 세계국가가 아닌 당시 지역국가에 머물고 있던 미국의 외교문서였다.

미국은 1866년 8월 평양에서 일어난 제너럴 셔먼 호(the *General Sherman*) 사건 이후 자국민이 아직 조선에 생존해 있다는 풍문을 확인하려고 혈안이 되어 있었다. 아시아 함대 사령관 벨(H. H. Bell)은 이 문제와 관련해 여러 차례 해군성 장관 웰스(G. Welles)에게 보고한 바 있는데 1866년 12월 14일 벨은 웰스 장관에게 캘리포니아로부터 증원군을 파견해 거문도에 주둔시켜 서울을 점령할 것을 건의하였다. 이런 군사작전은 일본과 중국으로 하여금 '미국의 견해와 이익을 존중케 할 것'이고 '태평

양의 주인이 누구인가를 온 세상에 알리게 될 것'이라고 호언하였다.[30]

벨 사령관의 이 보고문이 거문도 문제를 처음 거론한 외교문서였다. 벨은 12월 27일자 보고문에서도 조선에 대한 강력한 보복 조치를 건의하면서 거문도가 지니고 있는 지리적인 장점을 열거하고 그 점령을 요청하기에 이르렀다.[31]

벨은 12월 하순 슈펠트(R. W. Shufeldt)[32]에게 조선에 나아가 생존자가 있으면 구하고 돌아오는 길에는 거문도를 방문해 그곳의 상황을 조사토록 명령하였다.[33] 슈펠트는 예정대로 거문도를 방문한다. 거문도를 지중해 입구의 지브롤터(Gibraltar)로 비유하면서 훌륭한 해군기지이며 해군의 요양소로서도 적격이라고 판단한다. 그는 조선이 외국에 보인 멸시적인 행동에 대해서는 응분의 응징을 받아야 한다고 하면서 그 대상으로 거문도의 점령을 벨 사령관에게 다음과 같이 건의하였다.

> 왜 거문도를 점령하지 않습니까? 우리들은 바로 이런 장소를 원하고 있으며 귀하는 매우 좋은 명분이 있습니다. 조선 정부가 외국인에 대한 책임을 최소한 인정하지 않을 수 없을 때까지 이곳으로부터 조선의 남해안 연안으로 작전을 하면 어떻겠습니까?

벨은 슈펠트에게 노고를 치하하고 그가 제의한 행동노선을 해군성에

---

30 Bell to Welles, Dec. 14, 1866, ADPP, 9, pp. 42~45.

31 Bell to Welles, Dec. 27, 1866, ADPP, 9, pp. 49~51.

32 슈펠트는 1882년 조선과 수호조약을 체결한 장본인으로 우리에게 잘 알려진 인물이다. 벨 제독이 1865년 아시아 함대 사령관에 임명되자 슈펠트를 기함 브루클린(the Brooklyn) 호의 함장에 임명하였다. 슈펠트는 이 선박의 함장으로 1865~1867년 동안 아시아 문제를 직접 체험하게 된다.

33 Bell to Shufeldt, Dec. 24, 27, 31, 1866, Drake(1984), pp. 96~97, 100.

보고할 것이라고 슈펠트에게 말하였다.[34] 벨은 1867년 2월 11일 해군성에 거문도 점령을 건의하면서 "이런 조그마한 지역을 보유한다는 것이 어떤 영토 확장을 위한 야욕을 결코 표시하는 것은 아니다"라는 견해까지 덧붙였다.[35] 이때부터 거문도가 세인의 주목을 받게 된다.

2. 파크스

거문도 점령을 구체적으로 논의하기 시작한 것은 역시 영국이었다. 러시아의 팽창 저지에 앞장섰던 일본 주재 영국 공사 파크스(H. Parkes)의 주장에서 비롯되었다. 어떤 국제 분쟁이든 그것을 이용해 영국이 획득할 이익은 무엇인가를 구상하던 그에게는 1875년 조선과 일본 사이에 일어난 운요(雲揚) 호 사건은 호재 중의 호재였다.

그는 먼저 조선과 일본의 긴장에 관해 일반적인 보고를 1875년 7월 17일 본국 정부에 발송하였다.[36] 곧이어 7월 20일에 전보와 서한, 두 개의 중요한 문서를 더비(E. S. Derby) 외상에게 발송하였다. 전보문은[37] 더비 외상이 7월 23일에 받아보았고 서한은 9월 13일에 런던에 도착한 극비문서인 장문의 보고문[38]이었다. 이들 문건이 거문도 점령을 구체적으로 건의한 최초의 영국 자료들이다.

---

34 Shufeldt to Bell, Jan. 30, Feb. 3, 5, 1867, Drake(1984), p. 108.

35 Bell to Welles, Feb. 11, 1867, National Archive, Paolino(1973), p. 196, note 70.

36 Parkes to Derby, Yedo, July 17, 1875(Received Aug. 24), BDFA, doc. no. 9, pp. 41～42.

37 Parkes to Derby, Yedo, July 20, 1875(Received July 23), BDFA, doc. no. 2, p. 39.

38 Parkes to Derby, Yedo, July 20, 1875(Received Sept. 13), BDFA, doc. no. 10, pp. 42～44.

파크스의 전보문은 러시아와 일본이 조선을 점령키로 합의했다는 정보들과 독일의 군함도 조선의 서해안을 순시하고 있으니 영국은 이에 대처하기 위해 곧 거문도를 점령해야 한다는 내용이었다. 그리고 서한으로 된 보고문은 거문도 점령의 필요성을 다음과 같이 길게 부연설명하고 있다.

러시아가 단독으로 하든지 또는 일본과 공동으로 하든지 조선을 점령하려고 계획하고 있습니다. 미국 공사도 그런 정보를 갖고 있다고 합니다. 물론 러시아 공사는 이를 부인하고 있습니다. 최근 독일 군함이 또다시 조선의 서해안에 파견되었는데 그 목적은 가장 적절한 섬들을 찾아내는 데에 있습니다. 이런 상황에서 영국은 거문도를 점령해두는 것이 필요합니다. 중국이나 일본이 중립국이 되는 어떤 전쟁[영국의 러시아에 대한 전쟁을 가리킴]의 위험에 현재 영국은 놓여 있기 때문에 거문도는 군사적으로 매우 중요합니다. 그리고 이런 군사적인 역할을 발휘할 경우가 앞으로 일어나지 않더라도 그 점령은 조선과 장차 교섭하는 데에 큰 가치가 있습니다.

파크스의 견해에 중국 함대 사령관 라이더(A. P. Ryder) 제독도 전적으로 동의하였다. 7월 20일 파크스가 외상에게 거문도의 점령 건의를 전보로 보내던 날, 라이더 제독도 해군상(海軍相)에게 하나의 전보와 장문의 점령 제안 보고문을 전달하였다. 후자의 문건은 4개 항목으로 구성되어 있는데 군사전략가답게 그 내용이 매우 자세하다.

(1) 파크스 씨도 다음과 같은 내용의 보고서를 외무성에 제출한 바 있습니다. ① 러시아는 최근 사할린을 획득하고 아무르(Amur) 지방으로부터 블라디보스토크로 이동하였으며 조선을 병합하려고 합니다. ② 웨이드(T. Wade) 중국 주재 공사가 알려준 바에 의하면 독일 정부는 조선 연안에 같은 섬[거문도를 지칭]을 탐

내고 대형 전함(戰艦)을 조선 서해안에 파견하였습니다. ③ 일본은 조선 동해안을 조사하고 있고 러시아와 공동 행동을 취할 것입니다. ④ 조선의 남해안은 영국 상선들이 일본에서 중국 치푸(芝罘)로 가는 길목에 있으며 조선은 난파선의 선원들을 학살하였습니다.

(2) 이런 상황에서 파크스 씨도 동의한 바와 같이 자신은 다음의 의견을 제안합니다. ① 실비아(the *Sylvia*) 호는 거문도에 본부를 두고 내해(內海)보다는 조선의 남서 연안에 효과적으로 배치될 수 있습니다. ② 거문도를 영원히 점령하면 영국 이해에 큰 도움이 됩니다. ③ 조선인은 야만인이기 때문에 거문도를 점령하는 데에 아무런 의식(儀式, ceremony)도 필요 없습니다. ④ 조선 연안에 어떤 점령지를 보유하는 것은 극히 중요합니다. 상하이(上海)의 해군창(海軍廠)이나 요코하마(橫濱)의 저탄소(貯炭所)는 전시(戰時)에는 아무런 쓸모도 없습니다. 중국·일본 또는 러시아와 전쟁이 발발하는 경우에 저탄소·병원·부두 등을 마련해줄 거점(point d'appui)을 보유하는 것은 가장 중요합니다. 이런 거점은 겨울에 결빙하지 않도록 남쪽에 있어야 하며 중국·일본·러시아와 가까운 거리에 있어야 하고 방어에 용이하고 또 안전한 부두를 갖고 있어야 합니다. 거문도는 이런 모든 장점을 갖고 있고 전임 사령관인 셰드웰(C. Shadwell) 제독도 거문도 점령의 중요성을 잊지 말라고 충고한 바 있습니다.[39]

파크스는 7월 24일에도 거문도 점령을 역설하는 보고문을 외무성에 보냈다. 그는 여기에서 조선과 일본의 교섭 상황을 자세히 전달하고 이제 일본은 힘에 호소하게 될 것이라고 예측하였다. 따라서 영국 정부는 조선

39 Ryder to the Secretary of Admiralty, "Audacious" at Yokohama, July 20, 1875, BDFA, doc. no. 12, pp. 45~46. 퇴임한 셰드웰 제독은 1875년 10월 9일 그리고 18일에 거문도 점령을 찬성하는 의견서를 해군성에 제출하였다. Shadwell to the Secretary of Admiralty, Meadowbank, Melksham, Wilts, Oct. 9, Oct. 18, 1875, BDFA, doc. nos, 19, 20, pp. 57~59.

문제에 관심을 돌려야 되며 영국의 이익이 침해받지 않도록 조치를 취해야 된다고 건의하였다.[40] 이런 조치가 곧 거문도 점령임은 물론이다.

파크스가 거문도 점령을 건의한 7월 20일자 전보를 영국 외무성은 23일에 접수하였다. 영국 외무성은 파크스의 견해에 매우 비판적이었다. 외무성은 7월 24일 해군성의 의견을 문의하였다. 이에 대해 해군성은 26일 외무성에 ① 거문도 점령은 해군성이 아니라 영국 정부가 결정해야 한다는 점, ② 점령을 하는 경우 관련 국가들의 항의가 있을 것이지만, ③ 정부가 점령을 결정하면 해군성은 즉각 행동을 취할 수 있다는 의견을 전달하였다. 그리고 수로(水路) 전문가가 거문도를 순찰하고 요충지로서 적합하다는 현지 보고를 동봉하였다.[41]

외무성은 독일과 러시아에 주재하는 영국 공관에게 파크스가 말하고 있는 상황의 사실 여부를 타진하였다. 베를린과 상트페테르부르크의 영국 공사관들은 파크스의 보고가 사실과 다르다고 회신하였다.[42] 영국 정부는 점령을 단행하면 다른 국가들의 같은 행동이 뒤따를 것이라고 판단하였다. 1875년 당시 외딴 조선의 한 섬을 점령할 만큼 러시아와 긴장이 고조되었던 것도 아니다.

더비 외상은 파크스 공사에게 8월 3일과 4일 연이어 점령 불가의 전문을 발송하였다. 영국 정부는 아무런 권원(權原, title)도 없는 지역을 점령할 수 없다는 입장이었다.[43] 파크스는 8월 24일 더비 외상에게 자신이 받은 훈령을 충실히 수행할 것이라고 말하고 거문도 점령을 건의하게 된 동기

---

40 Parkes to Derby, Yedo, July 24, 1875(Received Oct. 12), BDFA, doc. no. 13, pp. 46~47.

41 The Secretary of Admiralty to Bourke, Admiralty, July 26, 1875(Received July 27), BDFA, doc. no. 5. pp. 40~41.

42 Jones(1936), pp. 112~113.

43 Derby to Parkes, Foreign Office, Aug. 3 & 4, 1875, BDFA, doc. nos. 7, 8 p. 41.

는 일본이 곧 조선에 대해 전쟁을 수행할 것이라는 보고와 많은 러시아 사람들이 대마도에 있다는 그릇된 정보에 입각하였음을 인정하였다.[44]

파크스는 이 보고서에 일본 주재 영국 공사관 플런켓(F. R. Plunkett)의 거문도 · 대마도 · 부산 외항을 방문한 현지 보고를 동봉하고 있다. 이들 플런켓 일행은 먼저 1875년 8월 4~6일 동안 거문도를 방문하여 현지를 자세히 답사하고 현지 조선 주민들과 직접 대화를 나누었는데 이는 거문도 주민과 영국인과의 최초의 만남이었다. 이들은 이어서 대마도를 방문하고 다시 8월 9일에는 부산 외항에 나타나 부산에 머물고 있던 모리야마(森山茂)를 영국 선박에 초청하여 조선과 일본의 교섭 상황을 알아보기도 하였다. 플런켓은 거문도에 관한 지리 정보는 30년 전 벨처(E. Belcher)가 작성한 것에 의존한 불완전한 것이었다는 점과 대마도에 러시아인은 전혀 없다는 사실도 파크스에게 전달하였다.[45]

1875년 거문도 점령안의 일화는 일단 끝나게 된다. 물론 이 일화는 파크스의 구상에서 비롯된 것이다. 파크스 생애의 전문가인 다니엘스(G. Daniels) 교수는 이때부터 조선 문제에 관한 파크스의 태도는 매우 감정적이고 불안정한 것이 되었다고 진단하고 그 원인을 그의 악화된 건강이 아니면 러시아에 대한 지나친 공포였을 것이라고 추측하고 있다.[46] 1875년 당시에는 영국과 일본 사이에 전선(電線)이 이미 가설되어 있어서 파크스의 구상을 런던 당국이 곧 알게 되고 즉각 이에 대처할 수 있었다. 1866년 프랑스의 강화도 침공 때 파리 외무성이 한 달이 넘어서야 조선의 사정을 알게 된 시대와는 세계정치의 정보망은 판이하게 달라진 것이다.

파크스는 런던 당국의 반대에 봉착해 거문도 점령을 공식적으로 다시

44 Parkes to Derby, Yedo, Aug. 24, 1875(Received Oct. 12), BDFA, pp. 46~47.
45 Plunkett to Parkes, Nagasaki, Aug. 11, 1875, BDFA, doc. no. 15, pp. 48~53.
46 Daniels(1996), p. 159.

는 제의하지 않았다. 그러나 1876년 2월 조선과 일본의 수호조약이 체결될 때까지 그는 계속 러시아의 위험을 본국 정부에 경고하고 이에 대처해야 된다고 건의하고 있는데 그 진의는 보고문에는 명백히 적고 있지는 않지만 거문도와 같은 요충지의 점령일 것이다.[47]

3. 슈펠트

슈펠트는 조선과 조약 체결을 위해 일본의 소개장 하나만 들고 1880년 5월 4일 부산에 나타난다.[48] 그는 일본 나가사키에서 조선으로부터 회신이 오기를 기다렸다. "불안하고 잠 못 이루는 나날을 보내면서"[49] 본국 정부에게는 병력의 사용을 계속 건의하고 있었다.

슈펠트는 조선 문제가 동북아시아 정세에 비추어 매우 중요하다고 판단하고 일본과 최초로 조약을 체결한 영예를 미국이 가졌듯이 조선의 경우도 그러해야 된다고 강조하였다. 그가 이처럼 조선 문제에 집착한 이유 중 하나는 자신의 승진 문제와 연결되어 있었다. 해군 준장(commodore)인 그는 이미 58세였으며 해군 소장(rear admiral)에 승진할 기회가 희박하였다. 조선과 조약을 체결해야만 아시아 함대 사령관이 될 수 있고 그래야 승진할 수 있다고 판단하였다.[50] 강제적인 방법을 동원해서라도 조선과 조약을 체결해야 한다고 톰슨(R. W. Thomson) 해군장관에게 계속 건의

47 F.O. 410/15/24, Parkes to Derby, Yedo, Jan. 10, 1876(Received Feb. 21), AADM, p. 31; F.O. 410/15/29, Parkes to Derby, Yedo, Jan. 31, 1876(Received Mar. 17), AADM, pp. 33~34.

48 자세한 사정은 김용구(2001), pp. 340~348.

49 Shufeldt to Molly(슈펠트의 딸), May, 22, 1880, Drake(1984), p. 242.

50 Johnson(1979), p. 188.

하였다.[51] 1880년 5월 31일자 보고에서는 거문도 점령을 종용하는 다음과 같은 내용이 담겨져 있다.

> 예기치 못한 시점에 조선의 여러 연안에서 단순한 힘의 사용을 하더라도 [조선의] 당국들은 겁을 먹고 항복할 것입니다. 이런 일은 물론 방심하고 있는 순간에 어떤 충돌을 야기하겠지만 그렇다 하더라도 [아시아] 기지에 있는 우리의 현재 병력으로도 그런 비상사태에 충분히 대처할 것입니다. [……] 우리들은 이들 섬[거문도를 지칭]들을 점령하고 조선 정부가 합리적인 조건에 양보할 때까지 [거문도를] 보유하고 있어야 합니다.[52]

4. 윌리스

슈펠트가 조선과 조약을 체결하려고 조선으로 떠나자 영국 정부는 우선 조선、미국의 조약과 유사한 조약을 체결해놓는 것이 유리하다고 판단해 중국 함대 사령관 윌리스(G. O. Willes)를 1882년 5월 20일 조선으로 파견하였다. 그는 슈펠트가 체결한 조약과 유사한 조약을 체결하는 과정에서 거문도를 영국 군함 정박지로 지정할 것을 조약 내에 규정하자고 요구하였다. 윌리스가 본국 정부의 훈령에 따라 이런 제안을 한 것은 아닐 것이다. 영국 외무성이 구체적인 내용의 훈령을 전달할 만큼 시간의 여유가 없었다. 윌리스는 해군 전문가로서 그의 선임자들이 거문도에 주목한 것을 잘 알고 있었기에 이런 제안을 제시한 것으로 추측된다. 하여간 마

---

51 Shufeldt to Thompson, May 29, 1880, AADM, pp. 890~891; Drake(1984), p. 243.
52 Shufeldt to Thompson, May, 31, 1880, Drake(1984), pp. 243~244.

젠종(馬建忠)이 조약에 그런 규정을 삽입하는 것은 불가하다고 반대하여 무산되었다.[53]

위에서 살펴본 바와 같이 1885년 4월 영국 함대의 거문도 점령은 전혀 우연한 일은 아니다. 그것은 필요한 사태가 야기된다면 영국 정부는 언제라도 행동에 옮길 수 있었기 때문이다.

53 「直督張樹聲奏朝鮮與英德議約事竣摺」, 『清外』, 1, pp. 535~536. 영국이 조선과 조약을 교섭할 때에 거문도 문제를 거론한 것은 영국의 거문도 점령 이후 이 사건을 자세히 보고한 미국의 대리공사 폴크의 문서에도 나타나 있다. Foulk to, May 19, 1885, KAR, doc. no. 172, p. 75.

제3장
거문도 연구와 열강의 외교문서

1. 주요 연구

거문도 사건을 학문적으로 다룬 최초의 글은 경성제국대학 교수 오쿠다히라(奧平武彦, 1933)와 보성전문학교 교수 와타나베(渡邊勝美, 1934)의 논문이다. 오쿠다히라는 영국의 『의회 문서』(*Parliamentary Papers*), 미국의 『대외관계』(*Foreign Relations of the United States*), 그리고 리훙장의 『이문충공전집』(李文忠公全集)을, 와타나베는 『이문충공전집』, 『광서조중일교섭사료』(光緒朝中日交涉史料)와 같이 당시로는 새로 발간된 중국 자료들, 조선의 『각국안』(各國案), 그리고 동북아시아 문제에 관한 서양인들의 일반적인 저서들을 원용하고 있다. 이들 사료의 범위는 당시의 시대적 상황을 반영하고 있지만 이들 글의 한계를 알 수 있다.

영국과 미국의 문서들을 철저히 분석해 19세기 한국외교사 문제를 서술한 두 연구가 1930년대 후반에 세상에 나왔다. 존스(F. C. Jones, 1936)와 키어넌(V. G. Kiernan, 1939)의 뛰어난 연구들이 그것이다. 존스는 조선의 대외관계에 관한 영국과 미국 문서고의 자료들을 섭렵하였다. 그가 원용한 문서들은 지금까지 공표된 외교문서집에도 찾아볼 수 없는 미간 자료들이 허다하다. 예를 들면 공간된 문서에는 일반적으로 외무성 관련자들의 의견들이 게재되어 있지 않다. 존스는 귀중한 이들 견해들을 모두 적고 있어서 지금도 연구에 큰 도움이 되고 있다. 다만 이 연구는 하버드대학교 박사학위 논문으로 저서의 형식을 취하고 있지 못해 서술 체계나 형식이 정제(整齊)되어 있지 못한 것이 흠이다.[54]

키어넌은 특이하고 해박한 학자다.[55] 25세에 이런 업적을 세상에 발표한 사실 자체가 경이롭다. 그는 20세가 되던 해부터 5년 동안 당시 비밀이 해제된 1880~1885년 영국 문서들을 분석해 케임브리지대학교 장학생 논문(Fellowship thesis)으로 이 책을 완성하였다.[56] 그가 검색한 영국 문서들은 존스의 경우와 같이 지금도 학문적인 가치를 지니고 있다. 그에게 중국 문제를 전공하도록 권고한 교수는 세계적 학자였던 템펄리(H. V. Temperley) 교수였다. 키어넌 자신은 인도에는 오래 머물었으나 중국에는 가보질 못하였다. 1946년 인도에서 영국으로 다시 귀국한 그는 영국 공산당 역사학자 그룹에 속하였으나 에딘버러대학교가 그를 받아들여 1948년 이후 대학교수가 되었다.

존스와 키어넌의 연구는 거문도 사건만을 전문적으로 취급한 글은 아니다. 그러나 거문도 문제를 연구하는 데에는 반드시 참조해야 할 업적이다.

54 그의 주요 관심은 일본과 중국의 치외법권 문제였다. *Extraterritoriality in Japan And the Diplomatic Relations in its Abolition, 1853~1899*, New Haven, 1931; *Shanghai and Tientsin with Special Reference to Foereign Interests*, London, 1940.

55 동서고금의 문학작품을 비롯한 그의 광범위한 지적 관심에 관해서는 Hobsbawm(2005), p. vii 참조.

56 키어넌의 책은 1970년에 오랜만에 복간이 되었는데 1939년 저서에 관련한 회고는 1970년 복간본에 실린 그의 서문을 참조할 것.

1956년에는 구소련에서 방대하고 귀중한 연구가 출간되었다. 나로츠니치키(A. L. Narochnitskii) 소련학술원 역사학연구소장이 러시아의 여러 문서고에 소장된 미간 문서들을 섭렵하여 19세기 극동지역에 대한 자본주의 열강들의 대외정책을 분석하였다. 그의 연구로 구미 학자들은 비로소 소련의 문서들의 현황을 자세히 알게 되었고 그 중요성을 인식하게 되었다. 거문도 사건에 관한 소련 문서들의 분석도 철저하다.

1964년에는 거문도 문제를 다룬 두 편의 전문 연구들이 발표되었다. 하나는 김영정(金榮禎) 교수가 인디아나대학교에서 이 시기의 한국과 영국 관계로 박사학위를 취득한 논문이다. 영국 문서고의 자료를 비롯해 폴크(Foulk), 알렌(Allen), 슈펠트(Shufeldt)의 미국 문서들을 검색하였다. 당시 사정으로 보아 한국인으로는 러시아의 문서고 검색이 불가능하였을 것이지만 중국이나 일본 문서의 보완이 필요할 것이다. 그러나 영어 논문이어서 지금도 외국 학자들이 자주 인용하는 연구이다.

같은 해에 이용희(李用熙) 교수가 국내 학자로서는 처음으로 영국 문서고의 자료들을 검색한 논문을 발표하였다. 러시아 문서의 검토가 불가능하여 거문도 점령에 국한한다고 밝히고 있다. 그는 뉴욕에서 열리는 유엔총회의 한국측 자문교수로 참석하는 여정에서 잠시 런던에 체류하면서 미간 문서들을 검색하였기 때문에 F. O 17이나 F. O 405의 모든 문서를 섭렵하기에는 시간의 한계가 있었다. 그가 인용한 자료 중에는 난외(欄外)에 적힌 영국 외무성 관계자들의 의견과 같이 현재 공개된 문서집에도 실려 있지 않은 문서들이 있다.

1979년에는 이르쿠츠크사범대학 교수 보리스 팍(B. Pak)이 구소련 문서에 입각한 조선과 러시아 관계사 연구를 출간하였다. 그는 나로츠니키의 제자인데 처음 이 주제로 학위논문을 준비하려고 하자 나로츠니키는 자신의 저서에 이미 충분히 취급한 문제를 다시 연구하는 일에 회의적이었다고 한다. 팍의 저술에는 그의 스승이 못다 검색한 문서들을 원용하고 있어서 참조해야 할 연구이다. 다만 조선 · 중국 · 일본의 문헌들의 검토가 아쉬운 점이다.

이밖에도 「참고문헌」에서 보는 박일근(1982), 사사키(佐々木揚)(1980), 다카바시(高橋秀直)(1995), 말로제모프(A. Malozemoff)(1958), 렌센(G. A. Lensen)(1982), 이율복(Yur-bok Lee)(1988)을 비롯한 여러 연구들이 거문도 문제 검토에 도움을 주고 있다.

영국의 거문도 점령은 동북아시아 국제정치 구조에 변혁을 가져온 중대한 사건인데도 아직 더 천착해야 할 학문적 과제가 남아 있다. 열강들의 문서들을 보다 더 분석하여 한반도 문제의 파행적인 세계화 과정을 밝혀야 한다. 거문도 문제에 직접 관련된 조선 · 중국 · 영국 · 러시아 그리고 일본 외교문서의 현황과 문제점을 보도록 하자.[57]

2. 열강의 외교문서

1) 조선

조선 문제에 관한 열강의 외교문서에는 여러 문제점이 있다. 한반도가 세계정치의 오지에 속해 있기 때문에 외교문서에서도 중요하게 취급되지 못하고 있는 데에서 기인한다. 조선의 사료에도 문제점이 노출되고 있는 것은 대외문제에 대한 오지사고의 발로라고 볼 수 있다.

『승정원일기』(承政院日記), 『일성록』(日省錄), 『고종실록』(高宗實錄), 『각

57 열강 외교문서의 상황, 그리고 한반도 문제에 관한 열강의 문서보관소에 관하여는 김용구(2001), pp. 40~70, 137~139; 김용구(2006), pp. 868~888 참조.

국안』(各國案)과 같은 기본 사료들이 대외문제에 관해서는 모든 중요한 기사들을 싣고 있지 않다. 또한 외교문서의 접수와 발송 일자가 잘못 기록되어 있어서 인용에 주의해야 한다. 대표적인 한 예를 든다. 후술하는 바와 같이 영국 정부의 점령 사실을 4월 24일에 가서야 중국 주재 오코너 공사는 조선에 알린다. 이 문서는 우여곡절을 거쳐 5월 19일에야 서울에 도착한다. 『고종실록』이나 『일안』(日案)은 이 중요한 문서를 4월 24일에 접수한 것으로 기록하고 있다. 이러한 오류는 대외문제에 관한 조선 사료에 자주 나타난 현상이어서 본문에서는 이들을 모두 지적해두었다.

2) 영국

거문도 사건에 관련되어 공개된 주요한 영국 외교문서의 현황을 보면 다음과 같다.

(1) 『F. O. 405/35, PART I. 영국의 거문도 잠정 점령에 관한 문서』(*Correspondence Respecting the Temporary Occupation of Port Hamilton by Her Majesty's Government*), 『F. O. 405/36, PART II. *Correspondence Respecting the Temporary Occupation of Port Hamilton by Her Majesty's Government*』, 『F. O. 405/37, PART III. *Correspondence Respecting the Temporary Occupation of Port Hamilton by Her Majesty's Government*』

거문도 사건에 관해 PRO 소장의 문서 중 가장 중요한 문서이다. 수록 문서도 375편의 문건에 달하고 있다. PRO는 상당한 양의 문서를 마이크로필름으로 공개하였는데 최근 국내의 동광(東廣) 출판사가 이를 입수해 한국 관련 문서들을 『한영외교사관계자료집』(韓英外交史關係資料集)이라는 제목으로 모두 45책으로 출간하였다. 이 중 제3책이 위의 거문도 관련 문서들이다.

F. O. 405의 문서를 비롯한 영국 문서 이용에 주의해야 한다. 이들 문서들은 관계 기관이 문서를 발송한 날짜 순서로 편집하지 않고 외무성에 접수된 일자 순서로 편집하였다. 예를 들면 중국에서 보낸 문서들은 대개 한 달 반 이후에야 런던의 외무성 당국에 접수되는데 이들을 접수 날짜에 따라 편집했다는 것이다.

박일근 교수가 1982년에 편집한 『1866~1886년 조선관련 영국과 미국의 외교자료』(*Anglo-American Diplomatic Materials Relating to Korea, 1866~1886*)는 거문도 관련 문서인 F. O. 405 문서 모두를 수록하고 있다. 그런데 이 문서집은 편집하면서 일자의 오류, 문서의 누락, 또는 중복 수록한 경우가 있어서 사용에 주의해야 한다.[58]

(2) 『영국과 외국의 국가문서』(*British and Foreign State Papers*)

1825년 허츨렛(L. Hertslet)이 영국의 대사들과 대신들을 위해 편찬한 문서집인데 1870년에는 허츨렛(E. Hertslet)이 편집을 계승하고 1896년부터는 영국 정부가 그 편집을 담당해 발간하고 있다. 그러나 이 문서집에 실린 거문도 관련 문서(Vol. 78, 1886~1887, pp. 143~169)는 총 83종에 불과하다.

(3) 『의회 문서』(*Parliamentary Papers*)

이 문서들은 그 명칭과는 달리 영국 의회에 관련된 문서가 아니다. 외무성이 대외문제에 관해 의회의 승인이나 정부의 홍보를 위해 기사본말체 형식으로 발표한 문서집이다. 『영국과 외국의 국가문서』의 83개 문서

---

58 두드러진 예를 들면 p. 521, 문서번호 71과 같은 중요한 문서가 편집 잘못으로 1페이지가량 누락되었다. 중복 편집된 예는 pp. 531~536, doc. no 79는 p. 531, 532, 543, 551, 552~553, 572에 다시 게재되어 있다.

를 수록하고 있을 뿐이다(China no. 1 1887).

(4) 『대외 문제에 관한 영국 문서』(*British Documents of Foreign Affairs*)

1989년부터 번(K. Bourne)과 와트(D. C. Watt)가 편집을 담당하고 있는 이 문서집은 7개 지역과 4개 특별 주제로 구성되어 있다. 제정 러시아와 구소련, 근동과 중동, 북아메리카, 라틴아메리카, 아시아, 유럽 그리고 아프리카로 나누고 각 지역은 다시 19세기 중엽부터 제1차 세계대전까지를 다룬 파트 1(Part I), 그리고 제1차 세계대전에서 제2차 세계대전 발발까지 취급한 파트 2(Part II)로 구분되어 있다. 제1차 세계대전, 파리 평화회의, 국제연맹, 그리고 경제-문화 등 4개 문제에 대한 주제별 문서가 있다.

현재도 발간이 계속되고 있는 이 문서집은 이제 반드시 이용해야 할 자료임에는 틀림없다. 그러나 외무성 문서 중 '비밀 출판물'(Confidential Prints) 항목에 국한되어 있고 그것도 편집자들이 문서들을 선별해 출판했다는 점에 유의해야 한다. '비밀 출판물' 전체를 인쇄한다면 수천 권에 이르러서 선별은 불가피한 일이다. 「아시아 Part I, 1860~1914」 문서는 모두 10책으로 되어 있는데 이 중 조선 문제에 관한 문서들을 검토해보면 편집자들이 다른 지역에 비하여 조선을 상당히 경시한 편집 태도를 취하고 있음을 알 수 있다. 「Part 1, Series E, Asia, 1860~1914」에 게재된 문서는 F. O. 405 거문도 관련 문서의 일부에 불과하다. 그리고 문서 편집도 자의적이어서 중요한 문서를 누락하고 있는 경우가 있다.

3) 중국

거문도 사건에 관한 특별한 자료집은 없다. 『청광서조중일교섭사료』(清光緒朝中日交涉史料), 『청계외교사료』(清季外交史料), 『청계중일한관계사료』(清季中日韓關係史料)와 같은 자료에 의존할 수밖에 없다. 중국 문서는 발신일과 접수일이 불분명한 경우가 많고 문서 편집에도 문제점이 허다하다. 특히 기본 사료인 『청계중일한관계사료』는 총서가 접수한 날짜로 배열되어 있고 문서의 중복 게재가 자주 있어서 이용에 주의해야 한다.

동북아시아 문제에 관해서는 북양 대신 리훙장의 문서[59]가 중요하다. 지난 2007년에 『이훙장전집』(李鴻章全集, 安徽教育出版社) 39책이 출간되었다. 이 전집은 15종의 사료를 중심으로 편집하였다. 이 중 한반도 문제에 중요한 사료는 [1]이라고 표시한 제1역사당안관(第一歷史檔案館) 문서, [2]라고 표시한 우루룬(吳汝綸)이 『이문충공전집』(李文忠公全集)을 편집하면서 검색한 문서, [3]이라고 표시한 제1역사당안관 문서 중 우루룬이 검색하지 못한 문서들이다. 따라서 우리에게 중요한 것은 [3]의 문서들인데 『이훙장전집』에는 [3]으로 표시한 문서들은 1894~1895년 청일전쟁 이전의 경우에는 매우 적어서 『이문충공전집』을 편찬한 우루룬의 공로를 알 수 있다.

4) 러시아

한반도 문제의 역사적 성격을 추적하는 데 가장 큰 걸림돌은 러시아 문서를 검색하는 일이다. 현재까지 발간된 러시아 문서는 매우 불만족스러운 상태에 있다. 1957년 그로미코(A. A. Gromyko)를 위원장으로 하는 위

59 "李鴻章全集"이라는 같은 명칭의 자료들이 여럿 있어 혼동을 일으키고 있다. 주요한 저술을 보면 다음과 같다. 吳汝綸 編, 『李文忠公全集』, 160卷, 1905. 이 전집을 洋裝本 7册으로 文海出版社(臺灣)에서 1962 복간. 이 출판사에서 1980년 다시 『李文忠公(鴻章)全集』이란 제목으로 복간(沈雲龍 主編 近代中國史料叢刊續編 第70輯)하였다. 그리고 1997년에는 海南出版社(臺灣)에서 『李鴻章全集』 9책을 발간하였다. 1~8책은 吳汝綸의 1905년 版을 그대로 영인한 것이고 9책은 李鴻章의 嫡孫인 李國杰이 편집한 『合肥李氏三世遺集』 중 『文忠公遺集』을 영인한 것이다. 顧廷龍, 叶業廉 主編, 『李鴻章全集』, 上海人民出版社, 1985년 이후, 5책, 未完. 『李鴻章全書』, 3册, 吉林, 1999. 顧廷龍(1998년 沒)의 편찬물은 『李鴻章全集』(安徽教育出版社)의 출간으로 중단되었다.

원회가 구성돼 두 종류의 방대하고 체계적인 외교문서집을 발간키로 결정하였다. 그 중 하나가 19세기 외교문서집인 『러시아의 대외정책, 19세기와 20세기 초』(*Vneshnaya politika Rossii. XIX i nachala XX beka*)로 1960년부터 발간되기 시작하였으나 현재 1840년경 문서까지 발간되고 있을 뿐이다. 따라서 거문도 사건을 추적하기 위해서는 러시아의 여러 문서고에 있는 미간 문서들을 검토하지 않을 수 없다. 그런데 러시아 문서고의 현황이나 실정이 매우 복잡하고 체계적이지 못하여 외국 열람자에게는 여간 곤혹스러운 것이 아니다.[60] 조선 관련 문서들을 우선 철저히 조사해 목록을 작성하는 작업이 필수적이다. 몇 편의 목록들이 있다. 이들의 목록 내용을 보면 다음과 같다.

(1) 이나바 치하루(稻葉千晴)(1997)[61]

이 목록은 러시아 대외정책 문서보관소(Arkhiv vneshnei politiki Rossii, AVPR)가 소장한 문서 중 러시아와 일본 관련 문건들을 배열한 것이다. 누락된 문서들이 많아 사용에 주의해야 한다. 거문도 관련의 문서들에 국한해 보아도 서가(書架, fond) 150, 목록(opis) 493, 사건(delo) 49, 113, 115, 216과 같은 중요 문서들이 누락되어 있다.

이나바의 목록에 보면 150-493-1은 1885년 3월에서 1887년 9월 30일 사이 거문도 문제에 관한 문서로 347 엽(葉, list)에 달하는 중요한 문서이다.[62] 도쿄 주재 다비도프(A. P. Davidov), 쉬페이에르(A. N. Shpeier), 쉐비치(D. Shevich), 북경 주재의 포포프(S. I. Popov), 라디젠스키(N. F.

60 필자는 러시아 문서의 현황에 관해 여러 글을 발표한 바 있다. 특히 김용구(2006), pp. 869~873, 884~885 참조.

61 그는 1996년에 1917~1962년 문서들의 목록도 발표한 바 있다.

62 Inaba(1997), p. 89.

Ladyzhensky), 서울 주재 베베르(K. I. Veber), 워싱턴 주재 스트루베(K. V. von Struve), 트로이츠크(Troitsk) 지방 러시아 대표 쿠마니(A. Kumani)의 보고들이다.

이나바 색인에 보이는 1884~1886년 조선과 러시아 관계 주요 문서는 서가(fond) 133, 목록(opis) 470에 속한 다음의 4개의 문서가 있다. ① 사건(delo) 90: 1884년 3월 21일에서 1885년 1월 11일 사이 도쿄 주재 러시아 공사 다비도프가 조선의 러시아 보호 요청에 관해 보고한 문서들, ② 사건 102: 1885년 4월 1일부터 11월 18일 사이 거문도 관련 다비도프의 보고들, ③ 사건 60; 1886년 3월 26일부터 5월 19일 사이 쉬페이에르, 베베르의 보고들, ④ 사건 100: 1886년 1월 30일에서 12월 22일 사이 쉬페이에르와 쉐비치의 보고들.

(2) 킴(I. Yu. Kim)(2004)

이 목록은 러시아 역사 국가문서보관소(RGIA), 러시아연방 국가문서보관소(GARF), 러시아 해군 국가문서보관소(RGAVMF), 한국국사편찬위원회(『러시아 국립해군성 문서 I[1854~1894]』, 2007), 그리고 이나바가 목록을 작성한 AVPR의 문서 중 극히 일부의 문건에 관한 것이다.

킴의 목록을 보면 RGVIA는 조선 관계 문서를 상당히 소장하고 있는데 서가(fond) 1282, 1329가 거문도 관련 문서이다. 킴의 목록에 보면 GARF에는 거문도 관련 문서는 보이지 않는다. 다만 GARF의 892-1-1~4, 36, 97, 102는 기르스(A. A. Girs)의 개인 문서인데 그것은 조사할 필요가 있을 것이다. 또 RGAVMF의 서가(fond) 410, 417, 510 조선 관련 문서 중 거문도 관계 문서가 있어서 검색해야 할 것이다.

(3) 박종효(2002)

AVPR, RGVIA, GARF의 문서 중 일부를 간략히 해제하여 윤곽을 알게 한다. GARF 문서에는 거문도 관련 문건이 없으며 RGVIA에는 1885년 9월 7일자 연해주 코르프 총독의 전문(電文)만을 해제하고 있다. AVPR의 해제에도 문제가 있다. 150-93-1과 같은 중요한 문서철 중 불필요한 두 가지 문건만 열거하고 있다.[63] 그리고 161-81/3-45, 46은 거문도와 관련해 중요한 문서인데[64] 제외하고 있다.

거문도 관련 러시아 문서들은 다른 문서보관소나 문서철에도 산재해 있지만 주로 AVPR의 서가(fond) 150에 속해 있다.[65] 러시아 문서고의 자료를 검색하는 것이 필요하다. 아직도 나로츠니츠키(Narochnitskii), 팍(B. Pak)의 연구들을 원용하지 않을 수 없는 형편이다.

5) 일본

거문도 사건에 관한 일본의 입장은 본문에서 길게 언급하겠지만 매우 미묘한 것이었고 일본 문서의 검색이 매우 중요하다. 그러나 이 문제에 관한 일본 외무성 기록이 소실되어서 『일본외교문서』는 일본 외무성이 편찬한 『일영외교사』(日英外交史)에 의존해 단지 4건의 문서만을 싣고 있다.[66]

63 박종효(2002), p. 85.

64 Inaba(1997), pp. 252~253.

65 Inaba(1997), pp. 89~249; 박종효(2002), pp. 211~345. Kim(2004), pp. 253~269. 그러나 Kim의 목록으로는 AVPR의 윤각조차 알 수 없다.

66 『日外』, 제18권, 문서번호 332의 註, p. 600. 일본의 외무성 문서들은 여러 번 재난을 당해 상당한 분량의 문서들이 소실되었다. 1942년 1월 외무성의 화재, 1945년 5~8월 미국 공군의 공습, 그리고 전후 미국 당국과 극동국제재판소에 접수시키는 과정에서 야기된 분실이 가장 큰 손실이었다. 『日外』 18권은 1950년에 편집 · 발간되었는데 소실된 원인은 위 세 가지 중 하나일 것이다. 일본 외무성 기록 중 소실된 문서의 목록은 김용구(2005~2006), 1, 『해제 · 목록』 참조.

그런데 1963년에 발간된 일본 외교문서 『명치연간추보』(明治年間追補)에는 거문도 문제에 관련한 중요한 문서들이 수록되어 있다. 장기간 중국 공사관에서 근무한 나카지마(中島雄)가 1908년 12월에 작성한 「일청교제사제요」(日淸交際史提要)(pp. 1~678) 중 제15편 「선후상의」(善後商議)가 그것이다. 이들 문서는 본문 제3장 3절에서 모두 인용하였다.

제2부
영국의 거문도 점령과 열강

제1장
아프가니스탄 사태와 거문도[1]

1. 영국은 러시아를 어디에서 공격할 것인가

영국의 자유당 정부[2]는 어떤 급박한 사정 때문에 지구 반대편 조선의 한 외딴섬을 점령하려고 하였는가? 러시아와 전쟁을 결정하였다면 왜 거문도인가? 결론부터 말하자면 1885년 3~4월 사이에 영국은 중앙아시아

---

1 거문도를 '해밀턴 항'(Port Hamilton)이라고 부르게 된 것은 영국인 벨처(E. Belcher)가 지도 작성을 위해 1845년에 이 지역을 찾은 데에서 비롯되었다. 그는 이 섬을 자신이 '발견'했노라고 하면서 당시 영국 해군성 부상(副相) 해밀턴(Hamilton)의 이름을 여기에 붙였다. 그런데 우연하게도 실제로 영국이 점령하던 기간의 해상(海相)의 이름도 해밀턴(G. Hamilton: 재임 기간; 1885년 6월~1886년 1월)이었고 영국의 중국해 사령관도 해밀턴(R. V. Hamilton: 재임 기간; 1885년 9월~1887년 12월)이었다.

2 거문도 사태 기간 동안 영국 정부는 자유당(Liberal Party)과 보수당(Conservative Party)이 짧은 재임 기간으로 서로 교체되었다. 거문도 점령을 단행한 글래드스턴 수상의 자유당 정부는 6월 9일 보수당의 솔스버리 수상으로 교체되어 1886년 2월 3일까지 지속한다. 다시 등장한 글래드스턴의 자유당 정부는 같은 해 7월 20일에 물러나고 8년간 장기 집권을 하게 되는 솔스버리 보수당 정권으로 연결된다. 19세기 영국 정치는 자유당과 보수당이 지배하였으나 1906년에 노동당이 결성되면서 중도 성격의 자유당이 퇴색해 20세기 영국 정치는 노동당과 보수당이 지배하게 된다.

지역의 분쟁으로 러시아와 전쟁을 결정할 수밖에 없는 처지에 있었다. 그렇다면 영국은 어디에서 러시아와 전투를 수행할 것인가? 전장(戰場)의 선택이 가장 곤란한 문제였다. "스페인 국왕의 수염은 태워 없앨 수 있으나 차르는 거인이어서 그의 수염은 손에 미치지 못한다." 러시아가 영흥만을 요구한다는 소문이 1885년 6월 9일 런던에 도착하자 퇴임 직전의 노드브루크(Northbrook, Ist Earl of) 해군상은 "블라디보스토크보다 [우리에게] 가까운 전초기지에 적(敵)이 있는 것이 우리가 공격하기에 편리하다"고 역설적으로 표현하였다.[3]

크림(Krym, Crimea)전쟁(1853~1856)을 계기로 영국은 러시아와 전쟁을 하는 경우 그 전장(戰場)의 선택은 4개의 지역 중 하나로 생각하게 되었다.

첫 번째는 발트 해를 거쳐 러시아 본토를 공격하는 전략이다. 그러나 크림전쟁 때 영국 해군이 올란드(Åland, Ahvenanma) 섬을 점령한 이후 이 전략을 사실상 포기하였다. 러시아 본토의 방어 태세로 보아 그 공격이 용이하지 않다고 판단하였기 때문이다. 그러나 구상 자체를 영국은 포기하지는 않았다. 크림전쟁을 마무리한 1856년 파리 조약에서 올란드를 비무장시켜 영국은 언제나 이 섬을 거쳐 러시아를 공격할 수 있는 길을 터놓았다. 제1차 세계대전 이후 신생 핀란드와 소련의 국경은 유레프(Yurev, 현재의 타르투[Tartu]) 조약으로 확정되었으나 올란드의 귀속 문제로 분규가 계속되었다. 국제연맹은 핀란드에 양여하기로 하였으나 이 섬을 비무장지대로 하고 요새 구축이나 수비대 주둔도 금지시켰다. 역시 영국이 소련을 공격할 수 있는 전진기지의 가능성을 열어놓았다.

두 번째는 발칸반도 지역을 통해 러시아를 그 남서 지역인 몰다비아·

---

3 Kiernan(1939), pp. 198~199.

왈라키아 두 공국으로부터 공격하는 방안이다. 19세기 발칸반도에서는 오스트리아 · 러시아, 그리고 오토만 제국이 대치하고 있었는데 이 지역에서 전장이 형성되는 경우 다민족 국가인 오스트리아 제국은 곧 해체하게 된다. 크림전쟁의 전운이 짙어가자 오스트리아는 발칸에서 전투가 발생하는 사태를 사활을 걸고 저지하였다.

세 번째는 다르다넬스-보스포루스 해협을 거쳐 러시아의 크림반도나 코카시아 지방을 공격하는 전략이다. 영국이 이 전략을 사용할 수 있는 전제조건은 터키와 서유럽 열강이 영국을 지지하는 데에 있다. 후술하는 바같이 크림전쟁 때에는 영국은 해협을 이용할 수 있었으나 1885년의 유럽 정세는 판이하였다. 영국은 다른 전장을 택하지 않을 수 없게 되었다.

끝으로 영국의 또 다른 전장의 선택은 동북아시아 지역이었다. 크림전쟁 때에는 러시아는 연해주를 보유하기 이전이었으나 영국은 러시아 해군이 혹시 중국이나 일본의 항구를 이용하지 않을까 우려하는 데에 그쳤다. 그러나 1885년 영국과 러시아의 위기에서 영국이 중앙아시아 내에서 러시아 육군과 전투를 수행한다는 것을 영국 정부는 처음부터 생각할 수 없었다. 따라서 동북아시아 지역을 통해 러시아의 블라디보스토크를 공격하는 전략을 채택하게 되었다. 이런 전략이 현실로 나타난 것이 바로 영국의 거문도 점령이었다.

1885년 4월 14일 영국 해군성은 일본 나가사키에 주둔하고 있던 도웰(W. Dowell) 중국해 사령관(Commander-in-Chief, China Fleet)에게 거문도를 점령[4]하고 그 결과를 보고하라는 전보 명령을 보냈다.[5] "조선 사람들

4 '거문도 점령'이라는 용어 사용에 대해 국내에서는 반대하는 일부 견해가 있다. 타국의 영토를 점령했으니 '점령'이 아니라 '강점'이라고 표현해야 한다는 주장이다. 그런 주장이 지니고 있는 정서적인 측면을 충분히 이해할 수 있다. 그러나 학술상의 용어는 당시의 역사적 시점에서 통용된 개념이어야 하고 그런 의미에서 단순한 국어사전식 사용은 지양해야 한다. 점령은 유럽 국제법의 전쟁법에 속하는 무력 행위이다. 1885년 당시 전투 행위를 규율하는 전쟁에서

은 야만인들이어서 점령하는 데에 아무런 의식(儀式, ceremony)도 필요 없었다." 점령이란 일정한 절차가 필요한 19세기 유럽 공법의 한 제도였다. 그러나 야만의 지역은 공법이 적용되는 지역은 아니었다.

도웰은 아무런 선언이나 절차도 없이 간단히 명령을 집행할 수 있었다. 그는 15일 런던에 다음과 같은 전보를 보내고 있다.

> 아가멤넌 호(the *Agamemnon*), 페가수스 호(the *Pegasus*), 파이어브랜드 호(the *Firebrand*)는 해밀턴 항구를 점령하기 위해 그곳으로 곧 떠남. 러시아 군함이 오지 않는 한, 그리고 별도 명령이 없으면 국기를 게양치 않음.[6]

2. 펜제 사건

영국과 러시아 두 나라가 중앙아시아에서 본격적으로 충돌한 것은

의 법(jus in bello)에 관해 있어야 할 법(lege ferenda)으로 간주된 규정으로는 1863년에 리버(F. Lieber) 교수가 작성한 계획안(code)과 1874년 국제법 협회(Institut de droit international)가 마련한 브뤼셀 선언(Brussels Declaration)이 전부였다. 리버의 계획안이란 미국의 남북전쟁 당시 링컨 대통령이 내린 전투 지시들을 법전화하려는 하나의 안(案)이었다. 그런데 이 계획안이나 브뤼셀 선언을 비롯해 당시 사용했던 용례를 보면 '전시 점령'(belligerent occupation), '평시 점령'(pacific occupation), 그리고 1815년 빈(Wien)회의 직후 패전국 프랑스 영토를 보장 점령한 '휴전 이후 점령'(occupation after armistice) 등 세 가지였다. 따라서 영국 정부가 거문도를 점령하면서 표방한 공식 명칭인 '잠정 점령'(temporary occupation)이란 것은 국제법 용어가 아니라 정치적 편의를 나타낸 용어에 불과한 것이었다.

5 The Secretary to the Admiralty to Dowell, Apr. 14, 1885, Instruction to Occupy Port Hamilton and Report Proceedings, PP. doc. no. 3, p. 1.

6 F. O. 405/35/6, The Secretary to the Admiralty to Currie, Admiralty, Apr. 16, 1885(Received Apr. 16), Inclosure, Dowell to the Secretary to the Admiralty, Nagasaki, Apr. 15, 1885, AADM, p. 490; BDFA, doc. no. 135, p. 243.

1871년 러시아가 이리(伊犁)[7] 지역을 점령한 이후부터였다. 러시아의 남하는 계속되었고 영국은 아시아 경영의 보루인 인도의 안전을 위해 아프가니스탄의 확보가 관건이었다. 1884년 러시아는 투르키스탄(Turkestan)을 합병해 아프가니스탄을 위협하게 되었다. 영국 정부는 국경 획정을 러시아와 협의하는 것이 필요하게 되자 러시아와 국경문제위원회 설치에 합의하였다. 7월에 영국 정부는 이 위원회의 영국 측 위원을 임명하였고 1885년 1월 헤라트(Herat) 부근에서 회의를 하기로 하였으나 러시아 측 위원은 끝내 나타나지 않았다. 러시아가 펜제(Penjdeh, 또는 Panjdeh)에서 음모를 꾸미고 있다고 의심하였다.[8]

이때부터 영국 정부는 중앙아시아 문제로 각료 회의를 잇달아 개최하였다. 2월 18일 각의에서는 러시아의 남하가 계속된다면 국경위원회의 영국 위원은 헤라트로 들어가 아프가니스탄 군대의 방어를 협조하라고 결정하였다. 그리고 3월 12일 각의에서는 러시아에 대한 전쟁 준비를 인도에서 착수한다는 중대한 결정을 하였다.[9] 펜제 사태 이전의 일이다.

3월 24일 내각은 러시아의 헤라트 진격은 전쟁 원인(casus belli)으로 간주한다고 결의하였다.[10] 다음날 글래드스턴(W. E. Gladstone) 수상은 여왕에게 "헤라트는 전쟁을 의미한다"는 서한을 보냈다.[11]

1885년 3월 30일에는 드디어 러시아 군대가 펜제에서 영국 군대의 훈련을 받은 아프가니스탄 군대를 전멸시킨 이른바 펜제 사건이 발생하였다. 영국 정부는 경악하였다. 당시 영국은 수단(Sudan)에서 아하마드(M.

---

7 이리 분쟁에 관해서는 김용구(2004), pp. 11~16; 김용구(2006), pp. 308~311.

8 Gwynn & Tuckwell(1917), 1, pp. 114~115.

9 *ibid.*, p. 115.

10 *ibid.*, pp. 115~116.

11 Lowe(1967), 2, doc. no. 50, p. 311.

Ahmad)가 수립한 마흐디 국가(Mahdist State)의 반격을 계속 받고 있었다. 영국 정부는 수단을 포기하는 명분을 펜제 사건에서 찾게 되었다.[12] 결국 수단에서 4월 18일에 철수하게 된다.

펜제 사태로 영국 정부는 전쟁으로 나아가는 조치를 취하게 되었다. 그런데 글래드스턴 수상과 그랜빌(G. L-G. Granville) 외상은 독일과 대결하는 외교 노선을 견지해 국제적으로 고립되어 있었다. 유럽의 국제정치 질서는 이른바 비스마르크 체제로 굳어져 있었다. 프랑스를 유럽 정치에서 고립시키고 해외 경영으로 나가길 권장하였다. 프랑스는 북아프리카 지역과 동양의 월남으로 진출하기 시작하였다. 월남은 프랑스 '제독들의 땅'이 되었다. 러시아는 당시 3제 협상(Dreikaiserbund)으로 독일과 오스트리아의 동맹국이었다. 독일로서는 유럽 이외의 지역에서 영국과 러시아가 대립하는 것이 가장 바람직한 일이었다. 러시아가 오스트리아 국경 지역에 대한 압력을 완화할 수 있기 때문이다. 아프가니스탄에서 영국과 러시아가 대립하고 있는 것 자체가 독일로서는 동맹국 러시아를 지원한다는 명분을 선전할 수 있는 좋은 구실이기도 하였다. '영국과 러시아의 화해는 우리에게는 언제나 위험'이라고 비스마르크는 말하곤 하였다. 독일이 앞장서서 터키에 압력을 가해 해협 통과를 영국에 허용하는 것은 국제법 위반이라고 경고하였다. 오스트리아 · 프랑스 · 이탈리아도 독일을 지지하고 나섰다.[13] 1882년 영국이 프랑스와 공동으로 경영하던 이집트를 일방적으로 병합하자 양국 관계는 극도로 악화돼 있었다. 터키도 영국의 이집트 병합으로 영국을 반대하는 입장으로 변하였다. 펜제 사건이 발발할 당시 영국은 유럽에서 거의 고립상태에 놓여 있었다.[14] 영국은 중앙아

12 Lowe(1967), 1, p. 73.

13 GP, IV, pp. 113~116, Jones(1936), p. 451.

14 Pflanze(1990), 3, p. 218; Taylor(1962), p. 556; Steele(1999), p. 142~152.

시아 지역에서 대규모 육군을 동원해 군사작전을 전개할 수밖에 없었다. 그러나 영국의 어느 정권도 이런 모험을 감행할 수는 없었다.[15]

유럽에서 고립된 상황에서 최후의 군사적 선택은 어떤 것이 있을 수 있는가? 영국 해군성은 블라디보스토크를 공격하는 길이라고 판단하게 되었다. 그러면 블라디보스토크에 진격하는 전진기지로 일본이나 중국 항구를 사용하면 어떠한가? 당시 일본은 영국의 러시아 정책에 대한 불만으로 일본 항구 사용도 불투명하다고 영국은 생각하였다. 그리고 영국과 러시아의 전쟁이 발발할 경우 중국은 중립을 지킬 가능성이 높아 중국 항구의 이용도 확신할 수 없었다.[16]

따라서 공격의 전진기지로서 거문도를 지목하였고 구체적인 점령 계획은 이미 10년 전부터 영국 해군성은 수립해놓은 상태였다. 이제 한반도 지역이 유럽 권력정치의 와중에 휩싸이게 된 역사적 시점에 이른 것이다.

3. 점령 결정의 시기

영국 정부가 구체적으로 언제 거문도 점령을 결정하였는지 발표된 외교문서는 현재 정확하게 알 길이 없다. 그런데 외무성 사서(司書)로 영국의 미간 외교문서에도 정통한 허츨렛(E. Hertslet)이 거문도의 중요성을 강

15 영국 정부는 1885년 4월초까지 흑해를 통한 크림반도 공격 구상을 버리지 못하였다. 글래드스턴 수상은 4월 7일 그랜빌 외상에게 흑해에 비밀요원을 파견해 바툼(Batoum), 커치(Kertch), 세바스토폴(Sebastopol), 오데사(Odessa)의 군사 상황을 탐지토록 하는 구상을 처음 발설하였다. 이들 지역 중에서도 글래드스턴 수상은 오데사를 보복의 요지로 간주한다고 하팅턴(Hartington) 전쟁상(War Secretary)에게 보낸 서한에서 말하고 있다. Gladstone to Hartington, 8 April 1885, Foot & Matthew(1990), p. 319.

16 Narochnitskii(1956), p. 378.

조한 「해밀턴 항구의 중요성에 관한 허츨렛 경의 각서」(Memorandum by Sir E. Hertslet on the Importance of Port Hamilton[Corea])를 1885년 2월 5일에 이미 작성해놓았다.[17] 3월 30일 펜제 사건이 발발하기 거의 2개월 이전에 이런 각서를 작성한 것을 보면 영국 정부는 블라디보스토크 공격 구상을 오래전부터 갖고 있었음을 알 수 있다.

허츨렛의 각서는 간략하지만 요령 있는 문건이다. 그 내용을 보자. 1845년 영국인 벨처(E. Belcher)가 세계 최초로 거문도를 방문해 해군성 부상(副相)의 이름을 본떠 해밀턴 항구라고 명명한 역사적 사례와 아울러 거문도는 세 섬으로 구성되었고 잘 방어된 항구로 조선 해협의 관건이라는 전략적 위치를 적고 있다. 그리고 1875년 7월 조선과 일본의 분쟁이 발생하자 일본은 러시아와 함께 조선을 공격하기로 합의하였고 일본과 독일의 군함들이 조선의 서해안을 조사하는 사태가 나타나자 파크스(H. Parkes) 일본 주재 공사와 라이더(A. P. Ryder) 중국해 사령관이 점령을 건의한 일, 그리고 영국 정부가 아무런 권원(權原, title)이 없는 지역을 점령해 선례를 남기면 안 된다는 이유로 이들의 건의를 거부했다는 사정도 적고 있다.

1885년 2월 14일 영국 외무성은 거문도 점령에 관한 해군 당국의 의견을 요구하는 서한을 허츨렛의 각서와 함께 해군성에 제출하였다. 해군성은 거문도 점령에 찬성하는 의견을 4월 4일 외무성에 발송하였고 외무성은 4월 6일 이 문서를 접수하였다.[18] 따라서 이 문서가 거문도 점령에 관해서는 매우 중요하다. 그 내용은 다음과 같다.

첫째, 중국이나 그 인접 지역에 영토나 무역상의 이익을 보유한 해양

17 F. O. 405/35/1, AADM, p. 488; BDFA, doc. no. 132, pp. 241~242.

18 F. O. 405/35/2, The Secretary to the Admiralty to Currie, Admiralty, Apr. 4, 1885(Received Apr. 6), AADM, pp. 488~489; BDFA, doc. no. 133, p. 242.

국가들, 예를 들면 영국 · 러시아, 또는 프랑스에게 거문도는 중요하다고 판단한다. 특히 러시아는 거문도를 블라디보스토크보다 월등하게 중요한 해군 기지라고 판단할 것이다. 영국이 거문도를 보유하면 전시나 평시에 큰 가치를 가질 것은 분명하다. 중국과 일본, 그리고 수년 내에 있게 될 영국의 조선 무역의 이해로 보아 이 지역에 군함의 배치가 필요하다.

둘째, 거문도는 러시아 영토와 근접해 있어서 영국에게는 더 가치가 있다. 그 지리적 형태는 해양 국가가 점령하기에 매우 적당하며 해군 기지로서의 모든 요건을 구비하고 있다.

세째, 이런 의견은 순전히 해군의 입장에 입각하고 있다. 거문도 점령에 관계된 정치적 문제들은 영국 정부가 고려해야 한다.

이들 문서의 작성 일자를 보면 몇 가지 사정을 추측할 수 있다. 허츨렛이 각서를 작성하게 된 연유에 관해서는 지금 알 길이 없다. 그러나 2월 5일 이전에 이미 외무성에서 거문도 점령에 관해 토의가 진행되었고 이에 관해 전문가인 허츨렛의 의견을 물었을 것이라고 추정할 수 있다.

또 다른 추정은 해외 기지 점령이라는 절박한 문제에 관하여 해군성 내에서 찬반 논쟁이 있었다는 점이다. 해군성이 점령에 관한 외무성의 2월 14일자 문서를 받고 이에 관한 회신 을 외무성이 4월 6일에 가서야 접수할 수 있었다는 것이 이런 추정을 뒷받침한다. 해군성 안에서 의견이 분분했으리라고 추측되는데 점령을 가장 주장한 사람은 노드브루크(Northbrook) 해군상, 해군군령부장(海軍軍令部長, First Sea Lord) 케이(A. C. Key), 그리고 외무차관보를 지내고 거문도 사건 당시 지방정부 책임자(President of Local Government) 딜크(C. Dilke)경이었다.[19]

정치권 안에서도 반대 의견이 끝까지 있었다. 4월 10일 런던의 수상 관

---

19 Gwynn & Tuckwell(1917), 2, pp. 114~123; Jones(1936), p. 451.

저에서는 거문도 점령 문제로 회의가 있었다. 이 회의에서 자신의 이름 이니셜을 판독할 수 없게 적은 한 참석자는 새로운 해군 기지를 획득하는 문제는 작은 문제가 아닌데도 거문도 문제는 잘못 정리된 형식으로 제의됐다고 불평하고 있다. 그는 남대서양에 있는 영국 영토인 어센션(Ascension) 섬을 생각해보라고 하면서 해군성은 점령에 소요되는 비용을 계산이나 해보았는지 반문하고 있다.[20]

영국 정부가 거문도 점령을 정책으로 채택한 것은 키어넌(E. V. G. Kiernan)이 추정하는 바같이[21] 1885년 3월 중순경, 구체적으로는 4월초에 이루어졌는지는 몰라도 거문도 점령에 관한 심각한 토의는 허츨렛 각서 작성 시기에 이미 진행되었다고 추정할 수 있다.

4월 초부터 영국 신문들은 거문도 점령을 열광적으로 보도하기 시작하였다.[22] 그러나 거문도와 제주도(Quelpart)를 혼동해 전해지기도 하여 허츨렛 사서는 "다른 섬에 국기를 게양하지 말도록" 주의를 환기할 정도였다.[23] 이때부터 영국 해군의 거문도 점령이 온 세계에 알려지기 시작하였다.

4. 점령의 명분

영국 정부가 거문도를 점령해야 한다고 표방한 공식적인 명분은 영국

---

20 Memo in F. O. 17/1000, Kiernan(1939), p. 191.

21 Kiernan(1939), p. 190. 키어넌은 또 3월 20일에 중국 주재 영국 공사 파크스가 중국의 총서를 비롯해 독일과 미국 공사를 예방하고 영국이 러시아와 전쟁을 하는 경우에 영국을 지원해 줄 것을 요청한 사실을 증거로 들고 있다. Parkes to Granville, Mar. 20, 1885, F. O. 17/979, Kiernan(1939), p. 189.

22 "British Annexion: Port Hamilton," *The Times*, Apr. 4, 1885, 5f; Apr. 6, 1885, 3c, 6c.

23 F. O. 17/1001, Minute Apr. 6, 1885, Kiernan(1939), p. 191.

정부가 이 섬을 먼저 점령하지 않으면 러시아가 반드시 이곳을 침공할 것이라는 논리였다.[24] 그러나 이것은 외교 논리의 허구에 지나지 않는다. 영국 정부는 처음부터 블라디보스토크 공격에 대한 해군 기지로 거문도를 지목하였다. 러시아 해군이 남하하는 경우에 대비해 조선 해협을 제패한다는 수동적인 전략을 넘어선 것이다.

영국 문서에 보면 영국 정부가 거문도와 관련한 러시아의 움직임을 알게 된 것은 1884년 9월 영국 주재 중국 공사 쩡지쩌(曾紀澤)가 알린 바 있고 12월에는 중국 주재 영국 공사 파크스의 보고로 이미 알고 있었다.[25] 이에 따라 영국 외무성은 "그곳에서[거문도를 지칭] 모든 움직임을 보고할 임무"를 지닌 배 한 척을 수시로 파견키로 결정하였다.[26] 그러나 이런 일은 펜제 분쟁 이전의 일로 거문도 점령과는 직접 관련이 없는 것이며 러시아 해군의 일반적인 움직임에 관한 정보일 뿐이다. 그리고 러시아에 관한 파크스의 보고 내용은 그의 반(反) 러시아 정서를 생각할 때 그대로 믿을 수는 없는 일이다.

영국 정부의 또 다른 명분은 조선과 러시아의 정치적 접근에 대한 대응 조치라는 것이었다. 그러나 거문도 점령을 결정할 당시 영국 외무성이 한반도의 러시아 활동에 관해 접수한 보고서는 다음 두 가지에 불과하다.

첫째는 이노우에 가오루(井上馨)의 조선 파견과 관련한 러시아 활동에 관한 것.[27]

둘째는 러시아가 일본에 비밀 제안을 했다는 2월 중순경 일본 주재 영

---

24 흥미 있는 것은 『실록』(중, p. 198, 음력 5월 25일 기사)도 이런 논리를 적고 있다.

25 F. O. 27/2712, Memorandum by Currie, Sept. 11, 1884,; F. O. 27/2719, Parkes to Granville, Dec. 13, 1884, Kiernan(1939), 190.

26 F. O. 17/947, Granville to Parkes, Dec. 31, 1884, Kiernan(1939), 190.

27 F. O. 46/327, Plunkett to Granville, Jan. 19, 1885, Jones(1936), p. 450.

국 공관의 보고.[28]

점령의 명분으로 거론되었던 조선과 러시아의 보호 문제는 점령이 이루어진 이후에야 런던 정부는 정보를 입수하였다. 묄렌도르프(G. von Mölledorff)가 도쿄에 건너가 다비도프(A. P. Davydov) 러시아 공사와 자주 접촉하고 러시아의 보호 대가로 조선 연안의 섬들을 할양할 것을 제안했다는 도쿄 영국 공사관의 보고를 런던 당국이 받은 것은 점령이 이루어진 다음인 5월 8일이었다.[29]

이렇게 볼 때 거문도 점령은 블라디보스토크 공격을 위한 기지 확보라는 매우 침략적인 구상에서 비롯되었음을 알 수 있다. 처음부터 거문도 점령을 적극 주장한 딜크(C. Dilke)는 4월 28일 영국 의회가 650만 파운드의 전쟁 예산을 승인한 후 이렇게 말하고 있다.

> 이때에 나는 하팅턴(Hartington)에게 만일 우리가 러시아와 전쟁을 하게 된다면 블라디보스토크에서 러시아를 공격해야 한다는 서한을 보냈고 정보국(Intelligence Department)도 이에 관한 각서를 작성하였다. 나는 또 태평양의 한 기지[거문도를 지칭함]로부터 가장 유리하게 전투해야 되고 중국 의 도움이 중요하며 영국인이 훈련하고 영국 장교들이 지휘하는 중국 군대는 무적일 것이라는 글을 돌렸는데 노드부르크 경도 나를 적극 지지하였다.[30]

조선과 처음 조약을 체결한 바 있던 윌리스(G. O. Willes) 제독의 지적은 정확한 것이다. 그는 영국이 점령하지 않으면 러시아가 거문도를 점령할

---

28 F. O. 46/328, Plunkett to Granville, Feb. 16, 1885, Jones(1936), p. 450.

29 F. O. 46/329, Plunkett to Granville, Mar. 30, 1885, Jones(1936), pp. 450~451. 그런데 플런켓 자신은 이런 소문의 신빙성을 의심하였다.

30 Gwynn and Tuckwell(1927), 2, p. 120.

것이라는 핑계는 매우 '우스꽝스런' 것이라고 지적하였다. 그리고 거문도 점령은 방어적인 것이 아니라 침략적이며 거문도는 러시아의 극동 지역에 대한 공격 기지라고 명백하게 말한 바 있다.[31] 극동 지역의 러시아 항구들을 봉쇄해 러시아로 하여금 아프가니스탄으로 더 이상 진격하지 못하게 하는 전략이었다. 영국의 인도 총독의 표현대로 "개의 목을 졸라 물고 있던 뼈다귀를 떨어트리게 만드는" 구상이었다.[32]

영국이 거문도를 점령하려는 근본 목적은 해군상 노드브루크가 점령 한 달 후 현황을 점검하는 5월 20일자 각서[33]에 잘 나타나 있다. 이 각서의 내용은 매우 중요하므로 그 전체 내용을 보도록 하자. 영국 내각은 러시아와 분쟁을 감안해서 거문도 점령을 결정했는데 그 점령의 이득은 다음 두 가지로 요약하고 있다.

(1) 태평양에 있는 러시아 군사력을 봉쇄하는 기지로서 거문도는 조선해협을 통제하는 데에 효과적인 위치에 있다.

(2) 블라디보스토크에 대한 군사작전을 지원하는 전진기지로서 거문도 점령은 필요하다.

따라서 노드브루크는 러시아와 전쟁 위험성이 있는 동안 계속 거문도를 점령해야 되고 아프가니스탄 국경 문제가 해결돼도 계속 점령할 것인지 생각해보아야 한다는 입장이다. 또 영국은 거문도에 관해 러시아와 아무런 협의나 문서 교환도 없었기 때문에 자유스런 입장에 있다고 하면서 거문도 문제는 두 가지 상이한 견지에서 고려할 수 있다고 해석하고 있다.

---

31 Admiral Willes, Jan. 7, 1886, BFSP. LXXVI, Kiernan(1939), p. 191.

32 Greaves(1959), p. 228, Lensen(1982), p. 55에서 재인용.

33 F. O. 405/35/29, Memorandum by Lord Northbrook, May 20, 1885, AADM, pp. 498~500; BDFA, doc. no. 146, pp. 247~248.

① 순전히 해군적인 견해

대부분의 견해는 영구적인 점령을 지지하고 있고 「영국 영지 방어에 관한 왕립 위원회」(Royal Commission on the Defence of British Possessions)의 권고도 같은 의견이다. 다만 전 중국해 사령관인 윌리스(G. Willes)와 현 사령관 도웰(W. Dowell)은 거문도를 영구적인 해군 기지로서 보유해야 되는지에 회의적인 의견을 갖고 있다.

② 정치적인 측면

영국이 점령하지 않으면 러시아가 거문도를 점령할 가능성은 있으며 영국이 거문도를 점령하면 러시아도 이와 비슷한 지역을 보유하려고 할 것이다. 그러나 러시아가 조선의 이런 지역을 점령하는 것이 영국에게 불리하지 않다고 판단한다. 영국이 블라디보스토크와 같이 북쪽에 위치한 러시아 지역을 공격하는 대신 조선에 보유하게 될 러시아의 기지를 공격하거나 봉쇄하는 것이 훨씬 용이하기 때문이다.

노드브루크의 이 각서에는 「영국 영지 방어에 관한 왕립 위원회」의 보고 요약이 첨부되어 있는데 이 위원회는 거문도 점령을 강력히 지지하고 있다. 이 위원회 의견의 핵심은 다음과 같다. 영국이 보유하고 있는 홍콩은 중국 북쪽 항구들을 보호하거나 일본과 교역하는 데에는 적절한 보호를 제공할 수 없다. 이런 사정과 더불어 최근 러시아의 육해군이 강화되고 조선의 남쪽 항구를 획득하려는 움직임을 보여주고 있다. 이에 파크스와 같은 외교관, 그리고 일부 해군 관계자들이 거문도 점령을 주장하게 된 것이다. 거문도는 좋은 항구이며 우리 위원회는 그 점령에 관해 심각한 고려를 한 바 있다. 또 러시아와 전쟁을 하는 경우 중국 해역에 있는 병력을 강화해야 한다고 건의한 바 있다. 그리고 태평양 동쪽에 있는 함대를 중국 해역으로 이동시켜야 한다고 제의하였다. 거문도를 점령해서 러시아에 대한 영국의 지위를 강화하고 홍콩 이북 지역의 영국 무역을 보호해야 한다.

자유당의 이런 대외정책은 야당인 보수당의 당수 솔스버리(R. G-C. Salisbury)가 비판하는 핵심 사안이었고 급기야 자유당 정부는 1885년 6월 24일 물러나고 보수당 정부가 들어서게 되었다. 솔스버리는 수상과 외상을 겸하고 독일과 화해 정책을 취하게 된다. 영국과 러시아도 9월 10일 런던에서 협정을 체결해 러시아의 투르키스탄(Turkestan) 합방과 펜제 사태로 야기된 위기를 해결하였다. 영국은 러시아의 투르키스탄 합방을 인정하고 러시아는 아프가니스탄에서 영국의 우월한 지위를 갖는 데에 합의하였다. 그리고 아프가니스탄 국경이 일단 확정되고 국경을 더 명백히 설정키 위한 위원회를 구성키로 하였다. 1885년의 이 양국 협정은 1873년, 1907년 협정과 함께 두 나라의 기본적인 3대 합의의 하나였다.

9월의 합의로 전쟁 위험이 사라지게 되자 거문도 점령 문제는 다른 차원의 성격으로 변하게 된다. 이미 점령하였으니 어떤 대가를 받고 철수하느냐 하는 영국식 외교의 전형이 나타난다.

제2장
중국과 종주권 강화외교

1. 거문도 사건의 중국적 인식

중국은 영국이 거문도를 점령하자 이 문제를 변형된 사대질서의 틀 속에서 인식하였다. 중국은 1880년을 기점으로 조선을 전통적인 사대질서의 속방이 아니라 서양 공법의 속국으로 전환시키기 위해 새로운 사대질서론을 선전하기 시작하였다. 필자는 이것을 변형된 사대질서라고 불러왔다. 1880년 허루장(何如璋)의 「삼책」(三策)과 「주지조선외교의」(主持朝鮮外交議), 황준셴(黃遵憲)의 「조선책략」(朝鮮策略)이 모두 이런 변형된 사대질서론을 선전하는 문서들이다. 이에 따른 제도적인 개편도 1881년 2월 23일(음력 1월 25일) 총서의 주청으로 뒤따랐다. 조선의 양무에 관계되는 긴요한 일들은 북양대신 리훙장과 일본 주재 허루장이 담당토록 하였다.[34]

거문도 사건이 발발할 당시 중국과 영국은 매우 우호적인 관계에 있었

34 자세한 사정은 김용구(2001), pp. 283~294.

다. 리홍장은 영국의 거문도 점령을 묵인하는 대가로 자신의 변형된 사대 질서론을 국제적으로 공인받으려는 방향으로 생각하였다. 영국 주재 중국 공사[35] 쩡지쩌(曾紀澤)는 철저한 종주권 강화론자였고[36] 이런 방향에서 영국 외무성과 교섭을 먼저 추진하였다. 리홍장과 쩡지쩌는 거문도 문제를 전통적인 동북아시아 문제로 당초 인식하였다.

리홍장은 이 문제가 단순히 동북아시아 국제정치 구조에 관계되는 것이 아니라는 사실을 곧 인식하게 되었다. 거문도 사태는 영국과 러시아 두 세계국가가 전세계에 걸친 충돌의 한 가닥이라는 점을 간파하게 된다.

2. 거문도, 제주도, 그리고 영흥만

쩡지쩌는 1885년 3월 27일 영국 해군성이 모든 병선을 동원하고 인도에 있는 군대를 아프가니스탄 국경의 이남 지역으로 집결토록 했다는 전보를 리홍장에게 보내고 리홍장은 이를 29일 총서에 알려 중국은 아프가니스탄 문제의 심각성을 알게 된다.[37] 쩡지쩌는 이어서 31일에는 영국이 아프가니스탄 지역으로 군함들을 집결시키고 러시아도 5만 명의 병력을 페르시아 부근에 집결시켰다고 중앙아시아 문제를 총서에 전보

35 공식 명칭은 영국 주재 사신(使臣). 쩡궈판(曾國藩)의 큰 아들인 그는 당시 영국 · 프랑스 · 러시아 주재 대신이었다.

36 그의 한반도 인식에 관해서는 「巴黎致總署辨論三條」, 己卯 十二月 初五日(양력 1880년 1월 16일), 『曾惠敏公遺集』, 文集, 卷三, 十二(洋裝, 제5책); 『出使英法日記』 卷二, 項 十七~十八, 『曾惠敏公遺集』, 文集, 卷4, 一, 二, 三(양장 제5책); 李恩函(1966), p. 259~260; Boulger(1908), pp. 318~321.

37 「寄譯署」, 『全集』, 21, 3월 29일(음력 2월 13일), G11-02-024, p. 486.

로 알린다.[38]

4월 4일에 이르러 영국 신문들이 거문도 점령을 보도하기 시작하자 쩡지쩌는 4월 5일 영국이 '제주도'를 점령했다고 다음과 같이 총서에 알리고 있다.[39] 얼마 전 영국이 제주도를 점령했는데 러시아가 이 섬을 탐낸 지 오래되어서 반드시 쟁단이 발생할 것이다. 조사해보니 이 섬은 러시아가 남하하는 길에 있다. 조선은 스스로 보존할 수 없고 중국 또한 힘이 여기까지 미치지 못하고 있다. 영국이 점령하면 러시아가 또한 점령할 것인데 어떻게 하면 되는지 영국 외무성에 질의하였다는 것이다.

쩡지쩌는 거문도와 제주도를 혼동하고 있는데 영국 신문들도 두 섬을 구별하지 못하였다. 외무성 사서(司書) 허츨렛 자신도 4월 6일 영국 국기를 다른 섬에 게양하지 말라고까지 주의를 환기한 바 있다.[40]

리훙장은 영국이 영흥만을 점거하는 것이 아닌가 착각해 의심하였다. 그는 4월 9일 총서에 다음과 같은 내용의 전보를 보내고 있다.[41] 영흥만은 조선 동해에 있는 좋은 곳인데 러시아가 오래전부터 이곳을 탐하여왔다. 자신의 측근인 데트링(德璀琳, G. Detring)이 탐문한 바에 의하면 영국의 배 한 척이 이곳에 주둔하고 있는데 블라디보스토크로부터 남하하는 길을 차단하는 것이라고 한다. 중국 다구(大沽) 항구 밖에 있는 두 척의 영

38 「使英曾紀澤致總署英兵赴阿富汗俄兵集波斯電」, 1885년 3월 31일(음력 2월 15일), 『淸外』, 2, p. 476; 「寄譯署」, 『全集』 21, G21-02-029, p. 487. 리훙장은 또 펜제사건을 4월 10일, 11일에 총서에 알린다. 「寄譯署」, 『全集』 21, G21-02-091, p. 503; 「直督李鴻章致總署西電俄兵擊敗阿富汗軍電」, 1885년 4월 11일(음력 2월 26일), 『淸外』, 2, p. 495.

39 「使英曾紀澤致總署英據朝鮮濟州俄必不服電」, 1885년 4월 5일(음력 2월 20일), 『淸外』, 2, pp. 485~486. 총서는 쩡지쩌의 전보를 4월 6일 리훙장에게 알린다. 「譯署來電」, 『全集』, 21, G11-02-063, p. 496.

40 F. O. 17/1001, Minute Apr. 6, 1885, Kiernan(1939), p. 191.

41 「直督李鴻章致樞垣俄垂涎朝鮮永興灣英派船伺截俄船電」, 1885년 4월 9일(음력 2월 24일), 『淸外』, 2, p. 493; 「寄譯署」, 『李文』, 6, 電稿, p. 146.

국 선박은 톈진에 있는 러시아 선박을 저지하려는 것이다. 러시아는 영국과 대적할 수 없을 것이라고 리훙장은 판단하고 있다.

리훙장이 거문도라는 섬을 영국이 점령한다는 사실을 정확히 알게 된 것은 톈진회담 도중 이토 히로부미(伊藤博文)가 제공한 정보였다. 갑신정변 사후 처리를 위해 중국과 일본은 톈진에서 회담을 열고 있었는데 1885년 4월 12일은 제5차 회담이 열리던 날이었다. 이날도 리훙장과 이토는 갑신정변 사후 처리를 위한 조약의 내용에 관해 격론을 벌이고 있었다.[42] 조선 문제로 중국과 일본이 조선에 파병하는 문제를 거론하던 중 이토는 다음과 같은 중대한 정보를 리훙장에게 알려주었다.

> 만일 타국이 와서 일본과 조선 사이에 있는 도서(島嶼)를 점령할 것 같으면 이 침략에 대해 방어하지 않을 수 없습니다. [이 장소를 지도로 보여주며] 만일 타국이 이 도서를 점령하거나 공격하면 우리는 그곳에 육군 · 해군의 병영을 설치하거나 우리 국력을 다해 이를 방어하지 않을 수 없습니다. 따라서 타국이 만일 거마도(巨摩島)의 이름을 가진 이 섬을 점령하는 일이 있으면 귀국도 이와 같이 군대를 보내 방어하지 않을 수 없습니다.[43]

이날 회담에 관해 리훙장이 총서에 보낸 보고는 매우 간략하다. 이토가 제주 동쪽 40영리(英里)에 거마도가 있는데 타국이 해군을 이곳에 주둔해 조선을 넘나본다면 일본에게는 큰 문제인데 일본이 군대를 파병해 조선을 원조하면 어떤가라는 질문에 리훙장은 동의하였다는 것이다.[44]

---

42 김용구(2004), pp. 272~277.

43 「伊藤大使李鴻章天津談判ノ件」(五), 『日外』, 18, 문서번호 160, pp. 276~298; 『日韓資料』, 3, 문서번호 51, pp. 368~393, 7, pp. 520~545; 『秘書』, 上, pp. 601~633.

44 「照錄與日使伊藤問答紀略」, 『中日韓』, 4, 문서번호 974의 3, p. 1740.

리훙장은 이 보고와는 별도로 총서에 거문도 문제에 관해 4월 12일(음력 2월 27일) 다음과 같이 보고하였다.[45] 지난번 이토가 말하기를 영국 군함이 인천과 부산 사이에 있는 합미돈(哈米敦)이라는 이름을 가진 섬에 주둔했는데 러시아 선박의 요로(要路)를 차단하기 위한 것이라고 하였다. 이어서 리훙장은, 지도를 보니 영국이 점령한 섬은 영흥만이 아니라며 그동안에 있었던 착오를 바로잡고 있다. 그는 또 톈진 주재 영국 영사로 새로 부임한 브레넌(B. Brenan, 璧利南)의 말을 인용하고 있다. 얼마 전 그가 찾아와 영국 해군제독이 군함 몇 척을 거느리고 합미돈에 나아간 것 같다고 전했다는 것이다. 그리고 그는 영국이 이곳을 잠시 점거하는 것은 러시아에 대비하는 것으로 중국이나 조선에는 손해되는 일이 아니라고 말했다고 총서에 전하고 있다.

3. 런던 교섭

쩡지쩌는 4월 8일부터 행동을 개시하였다. 이날 그는 중국 공관의 참사관 매카트니(H. Macartney)를 영국 외무성에 보내 다음과 같이 질의하였다. 중국 정부로부터 영국 국기가 거문도에 게양되었는지 여부를 질문하라는 전보 훈령을 받았다고 하자 외상 그랜빌(G. L. G. Granville)은 외무성은 전혀 아는 바가 없다며 그런 사실 자체를 부인하였다. 매카트니는 비밀을 전제로 거문도 점령 소식이 보도되자 영국 주재 러시아 대사관이 매우 흥분해 있다고 전하였다. 그리고 영국과 러시아 두 나라가 거문도를

45 「直督李鴻章致樞垣英據朝鮮哈米敦島防俄船電」, 『淸外』, 2, p. 496; 「北洋大臣來電」, 1885년 4월 12일(음력 2월 27일), 『中日』, 上, 문서번호 366, p. 147; 「寄譯署」, 『李文』, 6, p. 147.

점령할 형편이라면 중국은 영국이 점령하길 희망하고, 그럴 경우 중국과 아무런 어려움 없이 문제가 타결될 수 있다고 전달하였다.[46]

쩡지쩌가 중국 정부로부터 훈령을 받았다는 것은 외교적 허위였다. 영국이 거문도를 점령하기 이전의 일이기 때문이다. 중국이 영국의 점령을 승인하는 대가로 종주국으로서의 위상을 확립하려는 쩡지쩌의 기본 구상을 알 수 있다.

매카트니는 4월 9일에도 영국 외무성을 찾아 전날의 제의를 거듭하였다. 영국의 거문도 점령에 관해 질문하자 외무성은 아는 바 없다고 판에 박힌 대답을 되풀이한다. 매카트니는 쩡지쩌가 영국이 거문도를 점령하는 일에 중국 정부와 협의할 것을 바라고 있다고 전하면서 중국은 어떤 공식적인 문서를 요구하는 것이 아니고 영국이 점령에 관해 중국의 승인을 요청하기만 하면 된다고 말하였다. 그렇게 되면 중국은 종주권을 인정받는 결과가 되고 영국은 그 어떤 국가보다 훌륭한 권원(權原, title)을 보유하게 된다고 매카트니는 강조하였다. 그리고 영국이 거문도를 점령하지 않으면 러시아가 점령하게 될 것이라고 말해 영국의 점령을 선동하기까지 하였다.[47]

점령이 완료되자 4월 16일 그랜빌 외상은 쩡지쩌에게 다음과 같은 내용의 서한을 보내 중국의 협력을 요청하기에 이르렀다.[48] 쩡지쩌가 지난

46 F. O. 405/35/3, Granville to O'Conor, Foreign Office, Apr. 8, 1885, AADM, p. 489. 이 문서 초안 후면에 노드부르크 해군경이 다음과 같은 의견을 4월 10일자로 적고 있다. "우리들은 거문도를 점령하지 않았지만 본인은 중국과 잠정적인 합의가 이루어져 우리가 러시아와 전쟁을 하는 경우 곧 거문도를 점령할 수 있기를 희망한다. 블라디보스토크에 대한 작전 기지로 거문도는 우리에게 필요하다." Kiernan(1939), p. 191; 이용희(1964), p. 468, 주 29.

47 F. O. 405/35/4, Granville to O'Conor, Foreign Office, Apr. 9, 1885, AADM, p. 490; BDFA, doc. no. 134, pp. 242~243.

48 F. O. 405/35/7, Granville to the Marquis Tseng, Foreign Office, Apr. 16, 1885, AADM, pp. 490~491; pp. 1~2. 「英外部來文」, 『中日韓』, 4, 문서번호 1009의 부건, p. 1856. 영국

4월 8일 사람을 보내 거문도 점령에 관해 문의하였으나 그때는 확인할 수 없는 입장에 있었다는 변명으로부터 시작하고 있다. 중국의 질의가 있은 이후 영국 정부는 거문도를 잠정적으로 점령하는 것이 필요하다고 판단했다고 하면서 일반적인 상황이었다면 영국은 중국과 사전에 협의했을 것이지만 다른 나라가 먼저 점령할 가능성이 있어서 협의하지 못했다고 말한다. 다른 나라는 물론 러시아를 가리키는 것이다. 그리고 영국은 중국의 위신을 손상시키는 어떤 일도 하지 않을 것이며 이 지역에서 중국의 이해를 해치지 않는다는 합의를 중국 정부와 체결할 준비가 되어 있다고 천명해 거문도 문제로 중국과 교섭할 것을 제안하였다.

그랜빌의 서한을 받은 쩡지쩌는 조선을 중국의 속방이라고 영국이 인정하게 될 좋은 기회라고 생각하였다. 그는 4월 27일 그랜빌에게 회신을 보낸다.[49] 점령이 잠정적이고 영국 정부가 중국의 이해를 해치지 않는다고 하니 안심한다고 말하면서 조선은 중국의 속방이라고 다시 강조하고 있다. 영국이 제안할 거문도 관련 합의문 내용이 무엇인지 문의하라는 본국 정부의 훈령을 받았음을 말하고 있다.

그랜빌은 이 서한을 받은 다음날 28일에 쩡지쩌에게 합의문 초안을 전달하였다.[50] 그 내용은 다음과 같다.

첫째, 중국은 영국의 거문도 점령에 반대하지 않는다. 두 나라는 영국

문서의 이 한문 번역은 7월 7일(음력 5월 25일) 총서가 쩡지쩌의 서한을 받은 문서의 부록으로 개제되어 있다.

49 「照錄給英外部照會」, 『中日韓』, 4, 문서번호 995의 부속문서, p. 1827. 러시아가 거문도를 점령하면 이 지역과 블라디보스토크를 연결시켜 피해가 더할 것이니 영국이 점령하는 것이 더 좋다는 의견을 1885년 6월 15일(음력 5월 3일) 총서에 전달하는 서한의 부속 문서임. F. O. 405/35/13, Tseng to Granville, Chinese Legation, Apr. 27, 1885(Received Apr. 27), AADM. p. 492; PP, p. 3.

50 F. O. 405/35/15, Granville to Tseng, Foreign Office, Apr. 28, 1885, AADM. p. 493; PP. pp. 3~4; BDFA. doc. no. 139, p. 244.

이 거문도를 합법적으로 점령하고 관리한다고 합의한다.

둘째, 영국은 점령 이후 12개월이 지나면 거문도에서 나오는 수입 전액을 조선 정부에 납부하고 점령 기간 동안 매 12개월마다 그 액수를 조선 정부에 지불한다.

셋째, 이 액수 중에서 조선이 중국 정부에 지불하는 조공의 액수는 영국이 중국에 지불한다.

그랜빌 외상이 쩡지쩌의 서한을 받은 다음날 이런 초안을 작성한 것을 보면 영국 외무성이 미리 이런 문서를 마련해둔 것임을 알 수 있다. 또 이 문서의 문맥으로 보아 점령 이전에 작성한 것이 분명하다고 존스(F. Jones)는 추측하고 있다.[51]

쩡지쩌는 5월 1일(음력 3월 17일) 위의 합의문에 서명하는 것이 어떤지 총서의 의견을 물었다.[52] 일본이 여러 가지로 상방(上邦)인 중국의 권한을 저해하는데 영국과 이 문서를 합의해 종주국의 권한을 만회하는 것이 좋을 것이라는 의견을 개진하였다.

리훙장도 처음에는 쩡지쩌와 같이 쉽게 생각하였다. 그는 이를 빌미로 조선에 대한 종주권을 국제적으로 인정시키는 방향으로 안이하게 대처하였다. 러시아에 대항하는 영국과 중국의 동맹 결성을 구상하기도 하였다.

톈진에 새로 부임한 영국 영사 브레넌이 리훙장을 예방하였는데 리훙장은 이 자리에서 영국이 아프가니스탄 문제로 러시아와 전쟁을 하는 경우 어떤 동맹자를 원하느냐고 질문하면서 중국과 영국의 동맹을 제의하였다. 투르키스탄에 배치되어 있는 중국 군대의 지원을 받으면 영국은 크게 이득이 될 것이라고까지 언급하면서 러시아의 팽창 정책을 비난하였다.

---

51 Jones(1936), p. 452.

52 「曾紀澤寄譯署」, 『李文』, 5, p. 151.

며칠 후 리훙장은 브레넌을 답방하였다. 리훙장은 영국 정부가 쩡지쩌에게 비밀 조약을 제의했다고 전하고 중국의 총서는 이런 미묘한 외교 문제를 모르고 있으니 영국 정부가 자신에게 제의하면 그런 조약 체결을 지지하겠노라고 말했다는 것이다.[53] 중국 주재 영국 공사 오코너(N. O'Coner)도 리훙장은 러시아가 거문도를 점령하면 영원히 거문도를 상실하기 때문에 영국이 잠정 점령하는 것을 반대하지 않을 것이라고 보고하고 있다.[54]

리훙장은 이런 태도를 5월 1일 중국 정부가 영국이 제안한 거문도 관련 합의문을 거부키로 한 바로 그날까지 견지하고 있었다. 그는 이날 거문도에 관해 긴 전문을 총서에 보냈다. 그 주요 내용은 다음과 같다.

> 거문도인 안도(安島)를 서양 사람들은 합미돈(哈米敦), 중국 사람들은 거마도(巨磨島)라고 부른다. 이토는 전날 말하기를 영국이 오랫동안 점령하면 일본에 불리하지만 러시아에 대항해 잠시 점령한다면 두고 볼 일이라고 하였다. 중국이 영국의 점령을 인정하면 러시아도 영흥만을 점령할 것이고 이렇게 되면 일본에게도 후환이 있게 될 것이니 잠시 놓아두고 논하지 말아야 한다. 영국이 점거하려면 조선과 의논할 것이고 조선이 비록 약소하지만 까닭 없이 쉽게 인정하지

---

53 F. O. 17/980, O'Conor to Granville, Apr. 20, 1885. Kiernan(1939), pp. 189~190. 리훙장은 이런 동맹을 여러 사람에게 선전하였다. 전보국 직원 던(Dunn)이라는 사람에게도 중국과 영국 동맹을 환영하지만 영국 정책이 동요한다고 말하였다. 이에 던은 이런 사실을 『타임스』(*The Times*)의 두 기자에게 전달하였다. 미치(Michie)란 사람은 당시 중국에 머물고 있던 이토에게 말하자 이토는 일본도 영국 · 중국과 함께 러시아에 대항하는 데에 가담하겠다고 언급하였다. 다른 기자인 코쿤(Colquhoun)은 인도 총독에게 두 개의 전보를 보내 중국과의 동맹을 지지한다는 의견을 전하였다. F. O. 17/1002, Dunn to Foreign Office, May 8, 1885; Straits Government to Colonial Office, Apr. 13, 1885, Kiernan(1939), p. 190.

54 F. O. 405/35/53, O'Conor to Granville, Peking, April 21, 1885(Received June 16), AADM, p. 508.

않을 것이고 인정하려고 한다면 반드시 중국에 보고할 것이다. 그때 가서 중국이 그런 인정을 힐책한다면 조리에 맞을 것이다.[55]

4. 중국 정책의 돌변

중국 조정은 돌연 쩡지쩌가 영국 외무성과 교섭한 합의문에 서명하는 것에 단호히 반대하였다. 5월 1일자로 군기대신(軍機大臣)들에게 쩡지쩌가 말하는 합의문에 서명하는 경우 그 폐가 심하고 중국이 속국의 영토 점령을 외국에 허락할 수 없으니 리훙장으로 하여금 이에 관해 속히 상주토록 하라는 상유(上諭)가 내려졌다.[56] 이에 따라 리훙장은 태도를 바꾸어 5월 3일 총서에 전보를 보내 쩡지쩌에게 후환을 만들지 말도록 해야 한다는 의견을 전달하였다. 러시아 공사는 영국이 거문도를 점령하면 러시아도 다른 섬을 점령할 계획이어서 후환이 있을 것이니 조선 국왕에게도 경솔히 점령을 허락하지 말도록 비밀 서한을 보낼 작정이라는 의견도 개진하고 있다. 그리고 딩루창(丁汝昌)으로 하여금 군함을 이끌고 현지에 나아가 영국의 동정을 살피도록 하였다고 전하고 있다.[57]

---

55 「寄譯署」, 1885년 5월 1일(음력 3월 17일). 『李文』, 6, p. 151; 「北洋大臣來電」, 『中日』, 上, 문서번호 376, p. 157(총서에 음력 3월 18일 접수).

56 『德宗實錄』, 1885년 5월 1일(음력 3월 17일); 「譯署來電」, 『全集』, 21, G11-03-061, p. 523.

57 「寄譯署」, 電稿, 1885년 5월 3일(음력 3월 19일), 『李文』, 6, p. 151. 이에 따라 총서는 5월 4일 쩡지쩌에게 합의문에 결코 서명하지 말라고 훈령하였다. 『李文』, 6, p. 151~152. 조선 국왕에게 보내는 비밀 서한은 저우푸(周馥)가 작성한 것인데, 영국과 러시아가 아프가니스탄 국경 문제로 영국이 거문도를 점령하면 일본은 반드시 힐문하고 러시아는 또 다른 섬을 취할 것이라고 하고, 유럽 열강이 세계를 잠식한 것을 보면 처음에는 비싼 값으로 토지를 임차하고 그 후에는 이를 양여 받는 것이니 영국이 말하는 바에 결코 현혹되지 말라고 부탁하였다. 『실록』, 중, p. 193; 「李鴻章致朝鮮國王書」, 1885년 5월 4일(음력 3월 20일), 『中日』,

리훙장은 같은 건의를 5월 5일 총서에 서한을 보내 설명하고 있다.[58] 그 내용을 보면 다음과 같다.

중국은 영국의 거문도 점령을 인정하면 절대 안 되며 조선도 경솔히 이를 허용치 말도록 권고해야 한다고 강조하고 있다. 자신의 이런 의견을 황제에 상주하도록 총서에 5월 1일(음력 3월 17일)과 3일(음력 3월 19일) 이틀에 걸쳐 이미 두 번 부탁했다고 상기시키고 있다.

그는 뤼순(旅順)의 딩루창을 톈진에 오도록 하고 5월 5일 초용(超勇), 양위(揚威) 두 군함을 이끌고 조선에 나아가 조선 정부가 일을 신중히 처리토록 하고 조선 관리와 함께 거문도에 나아가 영국인의 동정을 살피도록 했다고 전하였다. 그리고 나가사키(長崎)로 가서 영국 제독을 만나도록 했다고 전달하고 있다. 그 제독이 "만일 중국이 거문도 점령을 대신 허락하도록 요청한다면 결코 그럴 수 없음을 명백히 말해 그의 넘나봄을 단절할 것"을 지시하였다.

일전에 영국 영사 브레넌을 만났을 때 그가 말하길 조선 주재 영국 영사가 반드시 조선 외무와 상담할 것이고 설사 러시아가 다른 섬을 탐하면 영국 정부는 반대할 것이라고 했다고 전하였다. 그리고 영국이 쩡지쩌와 이미 상의한 것을 보면 조선과도 반드시 따로 상의할 것이라고 전망하였다. 조선이 영국의 잠시 주둔을 허락했더라도 딩루창이 잘 처리하도록 했다고 리훙장은 총서에 보낸 서한에서 말하고 있다.

리훙장의 이 서한은 이어서 다음과 같이 언급하고 있다. 중국 주재 러시아 공사가 자신에게 사람을 보내 말하길 중국 군함이 조선에 나아간다

上, 문서번호 377의 2, p. 158; 「與朝鮮國王論巨磨島書」, 『李文』, 譯署函稿, 5, p. 422; 「代擬李文忠公與朝鮮國王論巨磨島書」, 『周懿愼公全集』, 公牘, 卷2.

58 「李鴻章覆總署信」, 1885년 5월 5일(음력 3월 21일), 『中日』, 上, 문서번호 377의 1, pp. 157~158; 「籌議巨磨島」, 『李文』, 5, 譯署函稿, p. 421.

면 톈진의 러시아 관리를 여기에 탑승시켜 조선 국왕에게 사실 여부 서한을 보내고 거문도에 주둔한 영국 제독에게 서신을 보내고 싶다고 부탁하였다. 탐문한 바에 의하면 블라디보스토크 항구에는 영국 공격에 대비해 어뢰를 설치했기 때문에 그들 군함이 자유로이 바다로 나올 수 없어서 중국 선박으로 거문도에 가려고 하는 것으로 결코 이를 승인할 수 없다. 더욱이 이런 일은 러시아와 중국이 결합했다고 오해될 수 있는 것이라고 결론짓고 있다.

한편 영국 정부는 중국 정부가 서명을 거절하자 매우 당황하고 불쾌하게 생각하였다. 5월 6일 매카트니는 영국 외무성을 방문해 합의문에 서명하지 말라는 중국 총서의 전보를 전달하였다. 이 전보문에는 이렇게 적혀 있다.

> 러시아 공사는 만일 영국이 거문도를 점령하면 러시아도 조선의 일정 지역을 점령한다고 말함. 일본도 같은 행동을 취할 것임. 영국이 [거문도를] 점령하지 않기를 희망함.[59]

---

59 F. O.405/35/16, Granville to O'Conor, Foreign Office, May, 6, 1885, AADM, p. 494; PP. p. 4; BDFA, doc. no. 141, p. 245. 영국 PRO 문서고를 직접 검색한 이용희 교수에 따르면 5월 6일자 그랜빌 외상의 문서 초안에는 커리(P. Currie)의 다음과 같은 메모가 적혀 있다고 한다. "우리들은 부당하게 취급당하였고 [협의안 문제에 관한] 예비 교섭이 본인을 통해 이루어졌기에 개인적으로는 불쾌한 처지에 있다고 매카트니에게 말하였다. 본인은 매카트니에게 그가 작성한 회답을 중국 정부가 재가했는지 아닌지, 그리고 만일 중국 정부가 [합의문이] 수락될 것이라고 확신하지 않았다면 그런 합의문을 준비하지 않았을 것이 아닌지 질문하였다. 이에 매카트니는 그가 회답을 했을 때에는 쩡지쩌는 총서가 반대하지 않을 것이라고 믿었고 총서가 러시아의 위협을 받지 않았다면 총서도 반대하지 않았을 것이라고 말하였다. 그는 여하튼 우리들은 처음에 러시아에 알리면서 교섭한 것과 같이 불편한 처지에 있다고 말하였다"[최후 문장은 몇 군데가 판독 불가라고 이 교수는 지적하였다]. 이용희(1964), p. 480, 주 68.

영국은 이런 중국의 돌변한 태도를 오코너 공사의 보고로도 잘 알게 되었다. 그는 5월 9일 전보로 그랜빌 외상에게 러시아와 일본이 조선의 다른 섬을 점령하겠노라고 위협해 중국은 당황하고 있다고 중국의 난처한 입장을 보고하였다. 중국은 무엇보다 영국이 떠나면 러시아가 거문도를 점령하지 않을까 우려하고 있다고 전하면서 중국은 거문도 점령에 대해 항의는 하지 않을 것으로 예측하였다. 오코너는 일본 정부가 중국이 거문도 점령에 반대하도록 충동질하고 있다고 판단하고 이런 분위기를 일본 주재 플런켓 공사에게 사적으로 전했노라고 보고하였다.[60] 일본 정부의 이런 태도에 관한 분석에 대해 오코너와 플런켓 공사는 정반대의 입장을 갖고 있었는데 이 문제는 제4장에서 다시 서술한다.

오코너의 전보를 받은 그랜빌 외상은 전보로 다음과 같이 훈령하였다. "점령이 잠정적이고 철회할 수 있다는 것 이외에는 어떤 약속도 하지 말 것. 이것도 절대적으로 필요한 경우에만. 이런 조건은 예외적임을 말하고 해저 전선도 중국에 큰 이득이라고 말할 것."[61]

영국 외무성은 5월 11일 매카트니에게 중국이 합의문 서명을 거부한 데에 경악을 금치 못한다고 전하고 영국 정부는 4월 8일과 9일 쩡지쩌의 제안에 따라 행동한 것뿐이라고 덧붙였다. 그리고 4월 28일자 합의문 관련 문서를 공개한다면 영국도 불가피하게 4월 8일, 9일자 쩡지쩌의 문서

---

60 F. O. 405/35/18, O'Conor to Granville, Peking, May 9, 1885. 2: 55 pm(Received, May 9. 10: 30 pm); AADM, p. 495. 오코너 공사는 이날 총서를 방문해 거문도 문제를 논의하였는데 총서의 대신들은 영국에 매우 우호적이었으나 러시아가 조선에 진출하지 않을까 우려하였다. 그리고 영국이 조선의 영토 보전을 어느 정도 존중할 수 있는지 궁금해 하고 있다고 오코너는 보고하였다. F. O. 405/35/71, O'Conor to Granville, Peking, May 9, 1885(Received July 6); BDFA, doc. no. 176, pp. 260~262; AADM, p. 521. (AADM은 1페이지가량 누락되어 주의할 것.)

61 F. O. 405/35/20, Granville to O'Conor, Foreign Office, May 11, 1885. 7pm, AADM, p. 495.

를 공개하지 않을 수 없다고 협박하였다. 영국 외무성의 이런 발언은 매우 강경한 것으로 영국 정부가 얼마나 불쾌하고 당황했는지를 잘 보여주고 있다.[62]

62 F. O. 405/35/21, Granville to O'Conor, Foreign Office, May 11, 1885, AADM, pp. 494~495; BDFA. doc. no. 142, pp. 245~246. 이 문서도 커리(P. Currie)가 작성하였다. 이용희(1964), p. 70, 주 70.

제3장
러시아와 협박외교

1. 거문도 사건의 러시아적 인식

러시아적인 대외 인식의 특징은 서유럽에 대한 열등의식, 아시아에 대한 우월의식, 그리고 세계를 구제한다는 구원의식 세 가지로 요약할 수 있다. 이런 태도가 조선과의 국제정치적인 만남에서도 잘 나타났다. 이들 특징들이 혼합되어 한반도에 정치 · 군사 · 경제의 이해관계가 보잘것없던 1880년대 러시아는 조선에 대하여 협박외교로 임하게 된다. 러시아는 영국의 거문도 점령과 같이 조선의 다른 지역을 점령하겠노라고 위협하였고 협박이 효과를 거두지 못하자 결국 조선의 현상유지라는 기왕의 정책으로 회귀하였다.

영국의 거문도 점령을 러시아에 대한 전쟁의 신호로 인식한 러시아 당국은 극도로 긴장하였다. 영국 정부가 거문도 점령을 명령한 다음날인 4월 15일 러시아 해군본부장 쉐스타코프(I. A. Shestakov)는 기르스(N. K. Girs) 외상에게 강경한 대응을 다음과 같이 제안하였다. 러시아 영토 근처에 '몰타(Malta)와 같은 것을 설정'하려는 영국의 시도는 '악의 있는 의도의 발로'이기에 '어떠한 점령도 반대'해야 한다. 카스피안(Caspian) 해 동쪽 문제들의 해결을 영국이 조선과 일본의 항구들을 점령하지 않는다는 약속과 결부시켜야 한다는 것이었다. 아프가니스탄 문제를 조선과 일본 문제와 연계시켜 해결해야 한다는 구상이었다. 그러나 해군상의 이런 의견은 채택되지 않았다.[63]

러시아 국내에서는 영국에 반대하는 여론이 비등했고 조선에 있는 부동항을 점령해야 한다는 주장이 대두되었다.[64] 그러나 영국이 블라디보스토크를 공격해 연해주 지역에 상륙한다면 이 지역을 방어할 러시아 군대는 매우 열악하였다. 1885년 당시 연해주의 병력은 1만 8천 명에 지나지 않았고 이들 병력도 우수리 만(灣)과 블라디보스토크 입구의 피터 대제 만(灣) 남서쪽 포세트(Poset) 만에 집결되어 있었다. 160~170베르스타(versta)[65]에 걸친 포세트 지역의 병력은 4개 중대, 1개 포병 중대, 그리고 2개 코자크 기병 중대에 불과하였다.[66]

해군 병력도 보잘것없었다. 1884년 12월 28일 외무성은 해군성에 대해 조선에서 분쟁이 발생하는 경우 이에 대처할 수 있는 러시아 함대의 현황을 질문하였다. 이에 대해 쉐스타코프는 중국해에는 순양함 1척, 쾌속 범선(帆船) 2척, 수송선 1척이 곧 동원될 수 있다고 대답하였다. 또 현재 중국해로 항진하고 있는 범선 2척이 있고 지중해로부터는 순양함 2척, 범선 2척을 더 파견할 수 있고 흑해로부터는 수송선 4척을 추가 배치할 수 있

---

63 Shestakov Girsu 15(3) aprelya 1885g.(1885년 4월 15일 쉐스타코프가 기르스에게) TsGAVMF, Narochnitskii(1956), p. 381.

64 Pak(1979), p. 88.

65 제정 러시아의 거리 단위. 1베르스타는 1.00668km

66 Vsepodanneishii otchet po upravleniyu Priamurskogo voennogo okruga za 1885g.(1885년도 연해주 군관구 관리에 관해 황제에게 바친 답변), Narochnitskii(1956), p. 380.

다고 회답하였다.[67]

러시아 정부는 영국의 공격에 대해 방어 전략에 치중하지 않을 수 없었다. 4월 18일 기르스 외상은 런던 주재 러시아 공사 스탈(de Staal)에게 블라디보스토크 항구 입구는 어뢰를 설치해 출입이 통제되었으니 새로운 고시가 있을 때까지 외국 선박의 출입이 금지된다고 영국 정부에 통고하라고 훈령하였다.[68]

4월 21일 러시아 정부는 블라디보스토크 항구 입구에 어뢰를 설치해 이 항구에 들어오는 선박을 격침한다고 공식 선언하였다. 이 항구를 방어하는 선박은 모두 45척이었고 4개 대포를 설치하였다.[69] 블라디보스토크에 인접한 포세트 지역에도 어뢰를 설치하였고 블라디보스토크에 있던 군함들을 슬라뱐카(Slavyanka)로 옮겼다. 그러나 영국 군함들은 이들 함대가 유사시에 대양으로 나오기 이전에 침몰시키기 위해 2개월 동안이나 집요하게 추적하였다. 러시아 정부는 영국이 전쟁을 선언하기 이전에 이들 군함을 공격하지 않을까 우려하였다.[70]

러시아와 영국의 이런 긴장은 1885년 5월 6일 아침 요코하마 항구에서 현실로 나타났다. 영국 군함이 항구에 입항하자 요코하마에 정박하고 있던 러시아 군함이 공격에 위험을 느껴 발포할 자세를 취한 사건이 발생해 한때 위기가 조성되기도 하였다.[71]

---

67 Pak(1979), p. 83; Lensen(1982), p. 34.

68 Giers à Staal, 4/18, Avril, 1885, Meyendorff(1929), 1, doc. no. 54, p. 193.

69 TsGAVMF, Narochnitskii(1956), p. 380. 연해주 지역의 군사 방어는 1885년 10월 1일에야 해제되었다.

70 *ibid.*, pp. 380~381.

71 「事項五 橫濱港ニ於テ英露兩國軍艦葛藤ノ件」, 『日外』 18, 1885년 5월 7일~, 문서번호 70~73, pp. 126~141; F. O. 405/35/63, Plunkett to Granville, Tokio, May 21, 1885(Received June 30), AADM, pp. 513~514; BDFA, doc. no. 169, p. 255; Narochnitskii(1956), p. 381, 주 1.

2. 다비도프와 쉬페이에르

러시아는 우선 영국의 거문도 철수를 요청키로 결정하였다. 5월 17일 런던 주재 스탈 대사에게 러시아는 영국의 거문도 점령에 무관심할 수 없음을 천명하라고 훈령하고 다음날에는 베이징 주재 포포프(S. I. Popov) 공사는 중국이 영국의 거문도 점령을 허용한다면 러시아도 조선의 다른 항구를 점령하겠노라고 공언하였다.[72] 그리고 같은 날 러시아 정부는 드디어 일본 주재 다비도프 공사에게 베베르(K. I. Veber)[73]가 조선에 갈 때까지 기다리지 말고 참사관 쉬페이에르(A. N. Shpeier)를 서울로 파견해 조선이 영국에 무엇을 양보했는지, 러시아 교관 이외에 다른 국가의 교관들을 조선 국왕이 초빙했는지 알아보도록 하였다.[74] 또 '거문도를 영국에 매각하

---

72 Proekt pisma Stalyu ot 17 maya 1885(1885년 5월 17일자 스탈에게 보내는 서한 초안), AVPR, Narochnitskii(1956), p. 383.

73 이 중요한 시기에 서울에 주재하는 러시아 외교 대표가 없었다. 기르스 외상은 1885년 5월 7일에 드디어 베베르(K. I. Veber: 재임기간, 1885년 10월 3일~1891년 5월 23일; 1894년 2월 3일~1897년 8월 24일)를 조선 주재 대리공사(서방 측 자료들은 베베르를 공사라고 적고 있으나 컬럼비아에 있는 러시아 문서의 수필본 목록에 의하면 조선 대표들은 1885년~1902년은 대리공사로, 1903~1905년은 공사로, 그 이후는 총영사로 표시되어 있다. Lensen[1968], p. 203) 겸 총영사로 임명하였다. 그는 미국을 거쳐 1885년 10월 6일에야 조선에 도착하였다. 기르스 외상은 베베르가 중국에 오래 근무해 경험이 풍부한 것을 참작하여 대리공사로 임명했노라고 하면서 조선에 도착하면 1884년 6월에 체결된 조선과 러시아 수호조약을 비준하라고 훈령하였다. 그리고 조선의 독립과 영토 보전은 정신적으로나 물질적으로 지원할 수 있는 러시아와 긴밀한 관계를 유지하는 것이 유일한 길이라는 사실, 그리고 고종이 생각하고 있는 집단적 보장은 조선에서 멀리 떨어져 있는 어떤 국가도 중국의 압력을 저지시킬 수 없기 때문에 실효성이 없다는 점을 고종과 대신들에게 확신시키라고 강조하였다. 그리고 1886년 4월 14일 알렉산더 3세가 여름 휴양지 가트치나(Gatchinao)에서 1884년 수호조약을 비준한 원본을 휴대토록 하였다. Proekt sekretnoi instruktsii K. I. Veberu 25 aprelya(7maya) 1885g.(1885년 5월 7일 베베르에게 보낸 비밀 훈령 초안), AVPR, 문서번호 150-493-49, Pak(1979), p. 93.

74 AVPR, Narochnotskii(1956), pp. 383~384.

지 못하도록' 조선에 요청토록 하였다.[75] 이에 따라 다비도프 공사는 5월 31일 쉬페이에르에게 조선 국왕이 조선 군대의 조직을 러시아 교관에 위임할 의사가 있다면 그들이 조선에서 체류할 조건에 관해 초안을 작성토록 요청하라고 훈령하였다.[76]

러시아 국방성도 조선에 군사 교관 파견이 유익하다고 판단하였다. 국방상 반노프스키(P. S. Vannovskii)는 5월 22일 기르스 외상에게 서한을 보내 쉬네우르(Shneur) 대령을 수반으로 하는 소규모 군사 사절을 조선에 파견해 조선의 정치 · 군사 상황을 알아보고 러시아 교관의 요청 여부를 현지에서 알아보도록 하였다.[77]

6월 3일에 러시아 정부는 다비도프 공사에게 매우 강경한 내용의 훈령을 전보로 전달하였다. 영국이 계속 거문도 점령을 고집한다면 러시아도 '이와 유사한 양보를 주장할 필요가 있게 된다'는 것을 쉬페이에르에게 알리도록 하였다.[78]

---

75 Telegramma direktora Aziatskogo departamenta MID I. A. Zinoveva russkomu konsulu v Nagasaki Kostylevu ot 23 maya(4 iunya) 1885g.(1885년 6월 4일자 외무성 아시아 국장 Zinovev가 나가사키 주재 러시아 영사 코스틸레프[Kostylev]에게 보낸 전보), AVPR, Pak(1979), p. 89.

76 Kopiya instruktsii, dannoi A. P. Shpeieru 19(31) maya 1885g.(1885년 5월 31일 쉬페이에르에게 교부한 훈령 사본), Pak(1979), p. 89.

77 Pisma voennogo ministra P. S. Vannovskogo ministru inostrannykh del N. K. Girsu ot 10(22) maya 1885g.(1885년 5월 22일 국방상 반노프스키가 외상 기르스에게 보낸 서한), TsGVIA, Pak(1979), p. 89. 그런데 나로츠니츠키[Narochnitskii] 교수는 러시아 정부가 7월에 가서야 러시아 교관 파견 문제가 거론되었다고 적고 있는 것은 착오일 것이다. Narochnitskii(1956), p. 379.

78 Telegramma Davydovu ot 3 iunya(23maya) 1885g.(1885년 6월 3일자 다비도프에게 보낸 전보), AVPR, Narochnitskii(1956), p. 384.

3. 쉬페이에르의 서울 행각

쉬페이에르는 6월 9일 서울에 도착해 7월 7일에 조선을 떠났다.[79] 그는 서울에 도착하자 통서를 방문하지도 않고 고종의 알현도 요구하지 않았다. 묄렌도르프와 러시아 교관 파견에 관해 세부 지침을 협의해 작성하고는 고종의 윤허를 요구하고 동시에 통서에 배부하자 그동안에 있었던 묄렌도르프의 비밀 협상 전모가 폭로되었다. 전혀 별개 사안이었던 조선·러시아의 보호밀약설과 영국의 거문도 점령 두 문제가 서로 연결되어 서울의 정국은 더욱 혼란하고 복잡하게 되었다.

쉬페이에르는 6월 10일 미국 공사 폴크(G. C. Foulk)와 회동하였다. 미국 교관의 조선 파견은 조선이 이미 요청한 일이고 중국과 일본도 동의한 사항이어서 쉬페이에르는 이를 폴크에게 타진하려 하였다. 폴크는 이 문제에 대해서 "[미국 교관의 파견에 관해] 미국 정부는 고려하지도 않고 냉담한 태도를 갖고 있으며 푸트(L. H. Foote) 개인의 발의에 불과한 것"이라고 말하였다. 쉬페이에르는 미국은 교관 파견에 회의적이라고 고종에게 말할 수 있었다.[80]

---

79 고베에서 휴양하고 있던 애스턴이 5월 28일 조선으로 떠나 쉬페이에르와 함께 서울에서 동시에 활동하게 되자 후술하는 이중 외교를 채택한 일본은 곤란하게 되었다. 이노우에 외무경은 조선 주재 다카히라 고고로(高平小五郎) 대리공사에게 이들이 일본에 협력을 부탁하는 경우에 아직 "아무런 훈령을 받은 바 없다고 하고 두 나라에 공평한 입장에 서서 귀하 개인의 견해는 말하지 말 것"을 1885년 6월 5일 지시하였다. 「露英兩國使臣ノ態度」, 『秘書』 3, pp. 127~128. 그리고 요코하마 항구에서 영국과 러시아 군함이 갈등을 빚은 사건에 대해서도 일본은 양국 정부에 그 실상을 똑같이 전달하여 오해를 불식시키려고 노력하였다. 「井上外務卿ヨリ英國駐箚河瀨公使露國公使花房公使宛」, 1885년 6월 6일, 『日外』, 제18권, 문서번호 72, p. 140.

80 A. N. Shpeier—A. P. Davidovu, Seul, 9(21) iyunya 1885g.(1885년 6월 21일 쉬페이에르가 다비도프에 보낸 보고), Pak(1979), p. 90.

폴크는 6월 16일자로 워싱턴에 다음과 같이 보고하고 있다. 쉬페이에르는 '임시 대리인'(agent provisoire)의 자격으로 거문도 문제에 관한 임무를 띠고 서울에 왔다고 하면서 영국이 거문도 점령을 계속한다면 러시아는 이보다 10배에 달하는 조선 영토를 획득하라는 훈령을 받았다고 공언하였다는 것이다.[81] 러시아가 영국보다 10배의 조선 영토를 획득한다는 말은 영국의 선전과 잘 부합되어 자주 인용되는 구절이 되었다.

4. 김윤식과 쉬페이에르: 제1차 회담

1885년 6월 20일, 24일, 그리고 7월 2일에 있었던 통서의 독판 김윤식과 쉬페이에르의 회견들은 거문도 사건에 대한 러시아의 태도와 김윤식의 식견 있는 교섭 태도를 잘 나타내주고 있다.

6월 20일(음력 5월 8일) 첫 번째 만남부터 격론이 계속되었다. 이날 오전 11시 쉬페이에르는 통서를 방문해 김윤식과 회담하였다.[82] 쉬페이에르는

---

81 Foulk to Bayard, 16 June, 1885, doc. no. 180, KAR, 77~78; ADPP, doc. no. 11, pp. 164~168.

82 『통서』, 1, p. 218. 「謹將五月初八日金允植與俄參贊士拜耶問答情形錄呈」, 『中日韓』, 4, 문서번호 1019(1885년 7월 19일[음력 6월 8일], 총서가 리훙장의 서한을 받음), 부건 4, pp. 1875~1878; 「軍機處奏進呈李鴻章信函等件片」(1885년 7월 20일, 음력 6월 9일), 『中日』, 上, 문서번호 390, 부건 4, pp, 165~166; 「俄參贊來朝鮮外署問答」, 『秘書』, 下, pp. 138~143. 6월 20일, 24일, 그리고 7월 2일 세 차례에 걸친 회견에 관해서는 중국 문서들이 자세히 전하고 있다. 미국 공사관과 영국 영사관도 이들 회견의 내용을 어느 정도 알고 있었다. 세 차례 회견 중 6월 20일의 회견은 곤도(近藤眞鋤)가 폴크에게 전해 주었고 폴크는 7월 3일자 보고에 부속 문서로 첨부하였고 6월 24일 회견의 토의 내용은 고종이 사적으로 폴크에게 전해주었다. 폴크는 영어로 번역해 6월 26일자 보고에 첨부하였다. Foulk to Bayard, 26 June & 3 July, 1885, doc. nos. 188 & 191, KAR, p. 79~80. 7월 2일의 회견 내용도 폴크는 7월 5일자 보고에 동봉하였다. Foulk to Bayard, 5 July, 1885, doc. no. 192, 81~83;

묄렌도르프가 작년 도쿄의 러시아 공사관에서, 그리고 지난 5월에는 나가사키에서, 러시아의 군사 훈련 교사를 초청한 일, 작년 겨울 블라디보스토크에 사람을 밀파하여 보호를 요청한 사실, 그리고 묄렌도르프와의 합의 내용을 한문으로 번역해 조선에 전달한 것을 열거하면서 러시아 교사 파견을 곧 결정하라고 요구하였다.

그의 협박은 계속되었다. 러시아는 토지가 넓어 남의 땅을 탐하지 않는다. 하려고 작정하면 왜 거문도인들을 점령치 않겠는가? 미국의 교사는 결코 오지 않는다. 오더라도 7~8개월이 걸린다. 러시아 교관은 곧 도착할 수 있으니 묄렌도르프가 말한 보호와 교사 문제를 한문으로 번역해 여러 대신들에게 보이고 고종이 열람토록 해 당장 결정하자고 윽박질렀다. 지금 결정치 못하면 러시아 공사는 오지 않을 것이라고 협박하고 자신의 말을 믿지 못한다면 스스로 목을 자른다고 하면서 일어나서 작별하였다.

김윤식은 매우 차분한 논리로 대응하였다. 조선·중국·러시아는 서로 국경을 맞대고 있고 러시아 교관 요청은 중대한 일이어서 중국과 상의하지 않을 수 없다. 또한 조선은 이미 미국에 교관 파견을 요청하였기에 러시아 교관 문제를 당장 결정할 수 없다. 이런 앞뒤의 절차 문제도 있고 미국에 요청한 것은 조선 군주가 하였고 러시아에 요청한 것은 양국 신하들이 말로 한 것이어서 성격이 전혀 다르다고 설명하였다.

이날 저녁 고종의 측근 세 사람이 쉬페이에르를 찾아와 김윤식의 말과는 전혀 다른 얘기를 하였다고 러시아 문서는 말하고 있다. 이들 세 사람은 고종이 러시아 교관 초빙에 동의했으나 중국의 반대를 우려해 교관이 서울에 도착하기 이전에는 비밀에 부칠 것을 원한다는 점, 고종은 미국

ADPP, 11, pp. 172~190. 또 이노우에(井上馨)는 플런켓(F. R. Plunkett) 영국 공사에게도 한 부를 교부해 이를 본국에 보고하였다. F. O 46/332/187, Plunkett to Salisbury, 20 July, 1885, Jones(1936), pp. 457~458.

교관의 파견을 반대한다는 사실, 그리고 러시아 교관이 서울에 체재하는 데에 필요한 조건들을 심의하라고 대신들에 명했다는 여러 정황을 전하였다.[83] 지금 쉬페이에르는 조선의 외교술에 놀아나고 있다.

5. 고종 알현

제1차 회담 이후 6월 22일(음력 5월 10일) 쉬페이에르는 고종을 알현하였다.[84] 일본 문서에 따르면 알현은 매우 냉랭한 분위기에서 진행되었다. 쉬페이에르는 고종에게 교사를 파견해 [조선을] 보호하게 된 것은 러시아 정부의 호의라고 하자 고종은 이미 미국에 교사를 요청했다고 대꾸하였다. 이에 쉬페이에르는 러시아에 요청한 것을 왜 실행치 않는지 질의하자 고종은 약속한 것을 알지 못한다고 대답하였다. 쉬페이에르는 묄렌도르프가 러시아 정부에 문서를 보냈다고 하자 고종은 전혀 모르는 일이니 그런 문서를 보여달라고 하면서 말하고 싶은 것이 있으면 통서와 상의하라는 말로 알현은 끝을 맺었다.[85]

러시아 문서는 매우 다르게 묘사하고 있다. 쉬페이에르가 6월 27일 다비도프 공사에게 알현에 관해 다음과 같이 보고하였다.[86] 22일 이른 아침

---

83 A. N. Shpeier → A. P. Davidovu, Seul, 9(21) iyunya 1885g.(1885년 6월 21일 서울에서 쉬페이에르가 다비도프에게 보낸 보고), Pak(1979), p. 90.

84 이날의 알현에 관해 『일기』, 『일록』, 『실록』은 침묵하고 있다.

85 「魯參贊見王」, 『秘書』, 下, p. 144. 러시아 문서는 이날의 알현이 화기에 찼었다고 쓰고 고종은 러시아 교관 문제는 통서에서 심의토록 하였고 자신은 그 결정에 따르겠노라고 하였다고 적고 있다. Pak(1979), p. 90.

86 A. N. Shpeier → A. P. Davodovu, Seul, 15(27) iyunya 1885g.(1885년 6월 27일 서울에서 쉬페이에르가 다비도프에게 보낸 보고), Lensen(1982), pp. 41~42.

에 쉬페이에르는 오후에 알현이 있다는 사실을 알게 된다. 이에 쉬페이에르는 비밀 인사를 통해 알현할 때 러시아 교관 파견 문제를 잠시라도 언급할 것을 요청하였다. 고종은 이를 수락해 쉬페이에르는 러시아 정부의 희망을 간략히 설명하게 되었다.

알현이 있던 날 저녁에 영의정 홍순목(洪淳穆)이 쉬페이에르를 찾아와 러시아 정부가 희망하는 합의를 이를 수 있도록 힘써줄 것을 요청하였다. 그리고 고종은 쉬페이에르의 노력이 성공하지 못하더라도 자신이 약속한 것을 실천할 것이며 쉬페이에르가 조선을 떠날 때 문서를 교부하겠노라고 고종은 홍순목을 통해 언급했다는 것이다. 고종의 이런 의사를 다비도프 공사에게 확인시키기 위해 쉬페이에르는 6월 22일에 쓴 것으로 추측되는 묄렌도르프가 자신에게 보낸 독일어 서한을 동봉하고 있다. 이 서한에서 묄렌도르프는 고종이 중국을 공개적으로 반대할 수 없어서 당분간 러시아 교관 문제를 연기하고 있지만 고종은 근본적으로는 러시아 편이라고 말하고 있다.[87]

쉬페이에르는 이 보고문에서 천수탕(陳樹棠) 중국 총판을 만난 경위도 적고 있다. 중국이 무슨 근거로, 그리고 어느 정도로 러시아 교관 파견을 반대하는지 알기 위해 23일 아침 천수탕을 예방하였다. 이 자리에서 천수탕은 조선 조정이 러시아 교관 교섭 사실을 알렸으나 자신은 찬 · 반 어떤 의견도 말하지 않았으며 어떤 나라의 교관을 조선이 요청해도 아무런 관련이 없다고 언급하였다. 그러나 그가 러시아 교관 파견을 반대하도록 조선을 비밀리에 충동질하고 있다고 쉬페이에르는 추측하고 있다. 쉬페이에르는 천수탕과 회견한 내용을 고종과 통서에 24일 전달했노라고 덧붙이고 있다.

---

87 묄렌도르프 서한은 Lensen(1982), p. 364, note 35 참조.

제1차 회담 이후 김윤식, 묄렌도르프, 그리고 쉬페이에르 세 사람이 통서에서 다시 회담하였다.[88] 회담 일시는 정확치 않으나 6월 21일~24일 사이라고 추측한다. 이날의 회담은 쉬페이에르가 과연 교섭할 수 있는 공문, 즉 위임장이 있는지, 그리고 러시아 교관 문제의 조속 타결을 강요하는 쉬페이에르의 협박으로 이어졌다. 묄렌도르프는 쉬페이에르가 다비도프의 서한을 받은 것이 위임장이라고 억지 주장하고 김윤식은 자신은 그런 서한을 본 적이 없다고 대꾸하였다.

쉬페이에르가 조선 · 러시아 밀약설의 장본인 묄렌도르프와 동석한 자리에서 김윤식은 이 문제를 직접 캐물었다. 김윤식은 쉬페이에르의 말을 들으면 묄렌도르프 당신이 나가사키에서 조선이 러시아 교관을 요청하는 문제로 러시아 정부와 문서 교환이 있었다고 하는데 사실이냐고 다그쳤다. 묄렌도르프는 쉬페이에르에게 프랑스 말로 의논하고는 자신이 문서를 작성한 것이 아니고 자기가 말한 것을 러시아 사람이 러시아 정부에 발송한 것이라고 변명하였다.

발언의 수위가 여기에 이르자 쉬페이에르는 그런 문서의 유무가 문제되는 것이 아니고 조선이 당장 러시아 교관을 초빙하면 된다고 말하였다. 그리고 러시아 교관 문제는 큰일이고 자신의 말을 듣지 않으면 힘을 사용할 것이라고 협박하였다.

88 「穆參判來署就座俄官向穆參判以法國話問答」, 『中日韓』, 4, 문서번호 1019(1885년 7월 19일 [음력 6월 8일], 총서가 리홍장 서한 받음), 부건 3, pp. 1874~1875.

6. 김윤식과 쉬페이에르: 제2차 회담

6월 24일의 김윤식과 쉬페이에르의 제2차 회담에서[89] 쉬페이에르의 위임장 문제로 격론이 계속되었다. 쉬페이에르는 러시아 황제의 명을 받고 조선에 왔기에 공문, 즉 위임장이 필요 없다고 주장하고 자신이 일본 주재 러시아 공사의 훈령을 받은 것이 곧 공문이라고 단언하였다. 조선은 친미(親美)인지 친아(親俄)인지 명백히 밝히기만 하면 된다고 협박하였다.

김윤식은 교관 문제 이외에도 광산 채굴과 같은 중요한 문제를 논의하자며 주제를 바꾸었으나 쉬페이에르는 교사 문제만 논의할 것을 고집하였다. 김윤식도 명백한 훈령이나 공문이 없는 사람과 논의하는 것은 일종의 사적인 논의에 불과하다고 거부하였다.

이날 회담에서는 거문도 문제가 거론되었다. 쉬페이에르가 영국 영사의 요청을 수락하지 않아 다행이라고 말하자 김윤식은 결코 그런 일은 없을 것이라고 단언하였다. 그리고 저탄소의 요청이나 큰돈으로 매입하려 해도 거절하겠노라고 말하였다. 김윤식은 더 나아가 여러 나라의 공의(公議)를 기다린다고 공언해 영국에 대해 후술할 5월의 항의에 이어 다시 항의할 것을 시사하였다.

6월 24일 회담을 마친 쉬페이에르는 자신이 맡은 바 임무를 수행하지 못해 울분에 찬 심경을 6월 27일 다비도프 공사에게 길게 토로하고 있다.[90] 자신이 성공할 수 없었던 것은 묄렌도르프의 불확실한 행동과 통서

---

89 「謹將五月十二日金允植與俄參贊士拜耶問答情形錄呈」, 『中日韓』, 4, 문서번호 1018(1885년 7월 19일[음력 6월 8일], 리훙장의 서한을 총서가 접수), 부건 2, pp. 1871~1874; 「軍機處奏進呈李鴻章信函等件片」(1885년 7월 20일[음력 6월 9일]), 『中日』, 上, 문서번호 390, 부건 4, pp, 166~167; 「乙酉五月十二日上午十一點鐘俄羅斯參贊官士貝耶來外署談草」, 『秘書』, 下, pp. 145~148.

90 Shpeier → Davidov, Seul, 15/27 yunya, 1885g., Lensen(1982), pp. 48~49.

의 회피적인 태도에 있었다고 책임을 전가하였다. 또한 고종의 이중적인 행동에도 기인한다고 비판하고 있다. 고종은 러시아 교관이 실제로 서울에 도착하기 이전에는 이 문제를 비밀로 합의하고 공개적인 교섭을 거부하였다고 판단하였다.

7. 김윤식과 쉬페이에르: 제3차 회담

7월 1일 통서는 드디어 러시아 교관 초빙은 불가하다는 결정을 내렸다. 7월 2일 오후 1시 통서를 찾은 쉬페이에르에게 김윤식은 조선 조정의 결정을 전달하고 간단한 회견을 하였다.[91]

김윤식이 통서의 결정을 전달하자 쉬페이에르는 극도로 흥분하였다. 이제 베베르(K. I. Veber) 공사는 조선에 오지도 않을 것이며 설사 그가 오더라도 교관 문제는 그와 교섭할 수 없다. 베베르가 조선에 오느냐 마느냐는 교관 문제의 타결 여부에 달려 있다. 교관 문제가 타결되지 않으면 조선、러시아 조약은 비준되지도 않는다는 말을 남기고는 쉬페이에르는 자리를 박차고 일어났다.

김윤식은 회담이 결렬된 사정을 러시아 측에 알릴 필요를 느꼈다. 서울에 주재하고 있던 다카히라(高平小五朗) 일본 대리공사에게 부탁해 사건의 전말을 알리는 조회문을 도쿄의 러시아 공사관에 전달하였다.[92]

91 「謹將五月二十日金允植與俄參贊士拜耶問答情形錄呈」, 『中日韓』, 4, 문서번호 1018(1885년 7월 19일[음력 6월 8일], 리훙장의 서한을 총서가 접수), 부건 1, pp. 1870~1871; 「軍機處奏進呈李鴻章信函等件片」(1885년 7월 20일[음력 6월 9일]), 『中日』, 上, 문서번호 390, 부건 4, p, 167.

92 「駐日俄國公使및近藤前公使에게 보내는 편지 托送」, 『일안』, 1, 문서번호 517, pp. 247~248; 「穆麟德의 露軍事教官招請事에 關한 解明」, 『아안』 1, 문서번호 13, pp. 5~6;

8. 쉬페이에르 일화

쉬페이에르는 조선을 떠나기에 앞서 7월 4일 폴크를 예방해 자신의 조선 방문이 오해되고 있다고 다음과 같이 하소연하였다.[93]

지난 2월에 묄렌도르프가 갑신정변 사후 처리로 도쿄에 왔을 때 그는 러시아 공사관을 방문해 러시아 교관의 조선 파견을 요청하였다. 이에 러시아 공사는 본국에 문의해야 한다고 하자 묄렌도르프는 그렇게 하도록 요구한 바 있다. 러시아 공사는 전보로 본국에 보고하였고 본국 정부는 원칙적으로 동의하지만 조선에 주재할 외교관이 조선에 부임할 때까지 기다리라는 회신을 받은 바 있다.

지난 5월에 묄렌도르프가 나가사키에 왔을 때 그곳 주재 러시아 영사와 회담하였고 이를 전보로 도쿄 러시아 공사에 알렸다. 묄렌도르프는 러시아가 교관을 보낼 준비가 되었다고 생각하게 되었다. 당시 러시아 공사는 조선 정부의 내정 문제나 조선이 미국에 교관을 요청한 사실을 몰랐다. 묄렌도르프가 통서의 참판이기에 그의 제의는 조선 정부의 제의로 생각하였다.

6월에 교관 파견 문제를 마무리 짓기 위해 조선에 건너와 묄렌도르프와 주로 접촉한 결과 교관 문제는 아무런 권한을 받지 못한 묄렌도르프에서부터 나온 것을 알게 되었다. 그러나 이 문제는 러시아 황제에게 보고한 문제로서 매우 당황스럽다고 쉬페이에르는 토로하였다는 것이다.

쉬페이에르는 조선을 떠나기 전날인 7월 6일에 다비도프 공사에게 다음과 같은 내용의 긴 보고서를 전달하였다.

「乙酉五月十二日上午十一點鐘俄羅斯參贊官士貝耶來外署談草」, 『秘書』, 下, pp. 148~151.

93 Foulk to Bayard, 5 July, 1885, KAR, doc.. no. 192, 81~83; ADPP, 11, pp. 172~190.

첫째, 현재 조선에서는 중국과 중국을 추종하는 세력들의 영향이 절대적이다. 고종은 강력한 입장을 견지하고 러시아와 접근코자 하나 적극적인 행동을 취할 수 없는 실정이다. 문제를 타개하기 위해서 러시아는 임시변통의 정책을 지양하고 강력하게 일을 추진해야 한다. 장차 부임할 공사는 러시아 교관 파견을 명백하게 요구해야 한다. 이런 요구는 러시아 함대가 유럽 열강들의 이해관계가 매우 적은 원산에서 무력시위를 동반해야 한다. 이런 조치 없이는 조선과의 합의는 달성될 수 있을지 의심스럽다. 러시아 교관이 파견되어 이들이 조선 군사를 조직한다면 러시아 정부는 그 국력에 걸맞는 지위를 차지할 것이다.

둘째, 묄렌도르프는 조선에서 특별한 영향력을 갖고 있지 않다. 고종과 조선 조정은 세부적인 문제와 이런 세부 문제를 유럽 형식에 맞추는데 묄렌도르프에게 자문을 구하였다. 묄렌도르프의 주장은 중국 정부와 친중국 세력들의 견해와 합치되는 경우에 수용될 뿐이었다. 그러나 그는 러시아의 복종하는 도구가 될 수 있기에 그가 서울을 떠나는 것은 바람직하지 않다.[94]

7월 6일 저녁 조선의 군사 상황을 탐지하기 위해 러시아 참모본부의 쉬네우르(Shneur) 대령이 서울에 도착해 쉬페이에르를 만나게 된다. 쉬페이에르는 자신은 다음날 조선을 떠날 것이며 충분한 정보를 수집할 수 없었다고 전하면서 쉬네우르에게 조선 체류가 오해될 수 있으니 조선을 떠날 것을 충고하였다.[95]

---

94 A. N. Shpeier → A. P. Davydovu, Seul, 24 yunya(6iyulya) 1885g.(1885년 7월 6일 쉬페이에르가 서울에서 다비도프에게 보낸 보고), Lensen(1982), pp. 50~51.

95 A. N. Shpeier → A. P. Davydovu, Nagasaki, 1 iyulya(13iyulya) 1885g., Lensen(1982), p. 51; RGAVMF, 26-1-6-3~5, 『해군성문서』(2007), p. 24. 그러나 Pak(1979, p. 90)은 쉬페이에르는 쉬네우르를 만나지도 못하고 조선을 떠났다고 잘못 쓰고 있다.

9. 기다리는 정책으로 회귀

쉬페이에르는 아무런 성과도 없이 일본으로 돌아갔다. 보호 문제는 거론조차 못하였다. 교관 문제도 그가 전권이 없는 것이 판명되자 이에 관한 협상이 중단되고 자신은 조선을 떠날 수밖에 없었다며 일본에 도착하자 본국에 보고하였다.[96] 그가 거둔 성과는 조선에게 거문도를 양보하지 말고 러시아 이외의 교관을 허용치 말라고 고종에게 권고한 것뿐이다. 그리고 한 러시아 문서가 지적했듯이 그가 다비도프의 허락을 받지 않고 서울을 떠난 것과 조선 정부에 협박을 한 것은 그가 받은 훈령의 범위를 넘은 것이었다. 이 문서는 쉬페이에르의 조선 방문은 "[러시아의] 치욕으로 끝을 맺었다"고 결론짓고 있다.[97]

쉬페이에르가 베베르 부임 이전에 조선을 떠나자 영국 총영사 애스턴은 거문도 문제를 자유로이 요리할 수 있게 되어 기르스 외상은 낭패한 것으로 알려져 있다. 그는 거문도 철수 문제에 독일이 지지해주도록 비스마르크에게 부탁하는 수밖에 없었으나 제3부 3장에서 보는 바 같이 독일의 정책은 그에게 실망스러운 것이었다.

러시아로서는 영국의 거문도 철수를 추진하려면 중국과의 우호적인 관계가 필수적이었다. 기르스 외상은 기존 정책으로 돌아가야 한다는 의견을 1885년 7월 30일 황제에 건의하였다. 조선에서 부동항 임대를 추구하지 않으며 기존의 조선 정책인 현상유지 정책을 취하겠다는 내용이었

---

96 Telegramma Shpeiera iz Nagasaki ot 13(1) iyulya 1885g i ot 17(5) iyulya iz Tokio(1885년 7월 13일자 나가사키에서 및 7월 17일자 도쿄에서 보낸 쉬페이에르의 전보), AVPR, Narochnitskii(1956), p. 385. 7월 13일자 보고(문서번호 150-493-113)의 내용 요약은 박종효(2002), pp. 211.

97 RGAVMF, 26-1-6-3~5, 『해군성문서』(2007), p. 24.

다.[98] 1885년 8월 22일 베이징 주재 포포프 공사에게 영국 정부에 다시 항의할 것을 리훙장과 협의토록 하였다.[99]

1885년 9월 7일 연해주 총독 코르프(A. N. Korf)도 국방상 반노프스키(P. S. Vannovskii)에게 기존 정책으로 돌아갈 것을 강력히 건의하는 전보를 발송하였다.

> 우리들에게는 조선에서 현상유지, 즉 조선의 자주, 그리고 어떤 우월한 세력도 조선에서 배제하는, 현상유지 정책이 무조건 필요하다. 우리는 영국과 우리 모두를 포함해 [이 지역에서] '손을 떼는'(ruka proch) 정책을 취해야 한다. [……] 만일 우리가 중국과 평화를 유지할 수 있으면 [영국의 거문도 점령으로] 영국과의 전쟁을 선택하면 안 된다.[100]

중국과 우호관계를 증진하고 이런 바탕 위에서 영국의 거문도 철수를 요구한다는 러시아의 기본 노선은 곧 실천에 옮겨졌다. 제3부에서 보는 바와 같이 1886년 7월 4일 연해주 국경 문제에 관한 혼춘(琿春) 합의가 달

98 Vsepoddanneishaya zapiska Girsa ot 30(18) 1885g.(1885년 7월 30일 기르스의 상주 메모), AVPR, Narochnitskii(1956), p. 389.

99 Telegramma Popovu ot 22(10) avgusta 1885g.(1885년 8월 22일 포포프에게 보낸 전보), AVPR, Narochnitskii(1956), p. 389.

100 Telegramma Priamurskogo general-guberinatora A. N. Korfa voennomu ministru P. S. Vannovskomu ot 7 sentyabrya(26 avgusta) 1885g.(1885년 8월 26일 연해주 총독 코르프가 국방상 반노프스키에게 보낸 전보), TsGVIA, Narochnitskii(1956), p. 389; Pak(1979), p. 93. 현재 TsGVIA는 RGVIA가 계승하였다. 문서번호; fond; no. VUA, opis; 1, delo; 93; list; 6, 20, 24. 그런데 이 전문 전반부에는 조선과 러시아의 연합군 창설에 관한 쉬네우르(Shneur)의 계획을 언급하고 있다. 박종효(2002, p. 604)의 검색에 의하면 이 전문 상단에 알렉산더 3세가 친필로 "대단히 중요하니 시간을 허비하지 말고 육군상은 검토, 실행하라"고 적었다고 한다. 박종효(2002), pp. 604~605. 황제의 팽창주의적인 견해를 알 수 있다.

성되어 양국 관계는 크게 호전되었다. 가을에는 중국 주재 대리공사 라디젠스키(N. F. Ladyzhensky)가 리훙장과 거문도 철수를 요구하기로 신사협정(紳士協定)을 체결하기에 이른다. 러시아의 조선 불개입 정책은 1888년 5월 8일 특별위원회에 제출한 연해주 총독 코르프와 외무성 아시아 국장 지노비예프(I. A. Zinoviev)의 공동 연구에서도 확인된다.[101] 그러나 러시아의 이런 소극적인 정책은 1892년 이른바 '새로운 노선'이 채택되어 적극 개입함으로써 동북아시아의 국제정치 구조는 새로운 국면을 맞게 된다.

101 「결론에 대신하여」 참조.

제4장
일본과 이중 외교

1. 거문도 점령의 일본적 인식

영국이 한반도의 한 지역을 점령해 이를 거점으로 삼아 러시아와 전쟁을 하게 된 새로운 사태에 직면하자 일본 정부는 당황하였다. 일본 열도의 근해가 영국과 러시아 전쟁에 노출될 위험에 놓였기 때문이다.[102] 이런 난국을 헤쳐 나가는 길을 이중 외교의 계책에서 찾게 되었다. 일본은 영국과 우호관계를 유지하면서 중국을 충동질해 영국으로 하여금 거문도에서 철수케 한다는 계략이었다.

102 1885년 4월 20일 에노모토 공사는 리훙장에게 영국이 오키나와 근해의 미야코(宮古), 야에야마(八重山)의 여러 섬들을 점거하는 사태가 발생하지 않을까 우려한다고 언급한 바 있다. 『日韓資料』, 7, pp. 581~582. 그리고 플런켓 공사는 러시아가 일본의 고도(五島) 군도를 점령하지 않을까 우려하고 또 러시아나 독일이 대마도, 고도(Goto), 오카사와라(小笠原, Bonin), 미야코(Meacosima) 섬들을 점령하는 사태가 야기되면 일본은 무력으로 저항할 것이라고 본국 정부에 보고한 바 있다. F. O. 405/35/41, Plunkett to Granville, Tôkiô, April 27, 1885(Received June 2), AADM, p. 504; BDFA. doc. no. 153, p. 250; F. O. 405/35/139, Plunkett to Salisbury, Tôkiô, July 3, 1885(Received Aug. 7), AADM, pp. 583~584; BDFA, doc. no. 219, p. 293.

이노우에 외무경이 1885년 6월 10일 중국주재 에노모토(榎本武揚) 공사에 보낸 훈령[103]에 이런 새로운 정책 노선이 자세히 나타나 있다. 이 훈령은 갑신정변 이후 조선과 러시아의 접근, 영국의 거문도 점령, 그리고 조선 내정의 혼란으로 야기된 새로운 상황에서 한반도 문제를 중국과 일본이 공동으로 요리하려는 이른바 8개조[104]에 관한 것이었다. 이 훈령의 전문(前文)이 거문도 점령에 대한 일본의 인식을 말해주고 있는데 그 내용을 보도록 하자.

거문도 문제에 관한 관련 문건들을 보면 영국은 조선의 허락 없이 거문도를 점령한 것으로 도(道)에 어긋나는 처치(處置)다. 이것은 조선과 영국 두 정부의 일이지만 일본이 관여할 수도, 방관할 수도 없다. 그 이유는 지형(地形)과 정략(政略)으로 볼 때 장차 중대한 사건이 되기 때문이다. 영국과 러시아 갈등이 해소된 이후에도 계속 점령한다면 러시아도 원산·부산 또는 제주도를 점거하려고 할 것이다. 러시아는 조선과의 조약에 규정

---

103 『追補』, pp. 356~361; 「18年 6月 10日 井上卿ヨリ榎本公使ヘ訓令」, 『한일사료』, 제47책, pp. 427~431(日本憲政資料室, 陸奧宗光 文書. 필자는 1972년 이 문서를 필사하면서 훈령 전반부를 제외하였다); 「日本憲本武揚抄呈之該國外務卿井上來信」, 『中日』, 上, 문서번호 385의 부건 5, p. 162; 『李文』, 제5책, p. 431. 이들 사료 중 『追補』가 훈령의 전문(全文)을 싣고 있다.

104 8개조의 내용은 다음과 같다. 1) 조선 정부에 대한 정책은 모두 최대 비밀의 수단으로서 언제나 리훙장과 이노우에가 협의한 후 리훙장이 이를 시행할 것. 2) 조선 국왕은 현재와 같이 내정(內廷)에서 스스로 정무를 집행하지 말고 또 내관(內官)의 권세를 박탈해 정무에 관여하는 길을 단절할 것. 3) 거국(擧國) 제 일등의 인물을 선택해 이들에게 정무를 요임(要任)하고 이들의 진퇴(進退)에는 국왕은 반드시 리훙장의 승낙을 받을 것. 제 일등의 인물로서는 김홍집·김윤식·어윤중과 같은 자임. 4) 위의 인물에 위임할 정무로서는 외교·군사·회계의 세 가지 일이 주요함. 5) 속히 묄렌도르프를 퇴거시키고 적당한 미국인으로 대신할 것. 6) 천수탕(陳樹棠)은 비록 독학(篤學)의 인물이지만 재력(才力)이 부족하니 다른 사람으로 대치할 것. 7) 천수탕의 후임자가 리훙장에 의해 임명되고 또 미국인을 조선 정부에 추천해 장차의 정책에 대해 충분히 인식시키고 그 자를 일본에 보내어 이노우에와 면회시킬 것. 8) 천수탕의 후임자는 서울 주재 일본 대리공사와 깊이 교의(交誼)를 맺고 모든 일을 협의해 집행할 것.

된 최혜국 조항을 빌미로 조선에 진출할 가장 좋은 기회를 얻게 되어 일본 근해는 분란의 중앙에 처하게 될 것이다.

영국 공사는 점령이 일시적이라고 하나 애매해서 99년일 수도 있다. 거문도 점령 문제는 일본만이 아니라 중국에게도 같은 영향을 미치게 된다. 그러나 중국과 조선은 특수한 관계에 있기 때문에 중국이 영국에 이의를 제기하면 이것이 조선 정부에 간섭하려는 것이라는 의혹을 피할 수 있다. 일본은 현재 영국과 조약 개정을 교섭하는 중이어서 영국의 호의를 잃는 것은 양책이 아니다. 리훙장도 쩡지쩌에게 영국에 항의토록 훈령했고 일본 정부도 영국 주재 가와세 마사타카(河瀨眞孝) 공사에게 쩡지쩌를 면회하여 항의토록 하였다. 따라서 거문도 철수를 앞장서서 주장하면 안 되고 중국으로 하여금 영국에 항의케 해야 한다.[105]

2. 일본과 거문도 점령

일본은 영국의 거문도 진출을 일찍이 인지할 수 있는 위치에 있었다. 부산에 영사관이 활동하고 있었고 일본의 정기적인 선박이나 군함이 왕래하고 있었기 때문이다. 4월초부터 영국의 거문도 점령 풍문이 나돌자 부산에 있던 일본 군함 료죠(龍驤號) 호를 거문도 현지에 파견해 정찰했으나 아무런 이상을 발견하지 못하였다.[106]

거문도 점령 소문을 듣고 있던 일본 외무성은 4월 9일 일본 주재 플런

105 『追補』, pp. 357~359.

106 渡邊勝美(1934), pp. 115~116. 일본 군함 파견에 관해 그는 자료의 출처를 밝히고 있지 않다. 이 군함은 4월 21일(와타나베는 23일일 것이라고 함) 다시 거문도를 가보니 영국 군함 3척이 있는 것을 알게 되었다.

켓 영국 공사에게 영국이 거문도를 점령하면 러시아도 조선의 다른 지역을 점령하기 때문에 이런 일은 일본에 위협이 된다고 거문도 점령에 반대한다는 입장을 분명히 하였다. 중국의 입장과는 처음부터 달랐다.

플런켓 공사는 영국 정부는 아는 바 없다는 공식적인 변명을 전달하기만 하였다.[107] 영국 정부는 4월 14일 점령을 명령하고 15일 점령을 완료한 이후에도 중국 정부와 일본 정부에게는 점령이 완료될 때까지는 비밀을 유지할 것을 훈령하였고 완료되면 그때 가서 비밀 각서를 전달하겠노라고 언급할 것을 4월 17일 두 나라 주재 공사에게 전달하였다.[108]

영국 정부는 20일에 가서야 일본 정부에 통고하도록 훈령하였고 이에 따라 플런켓 공사는 이노우에 외무경에게 예상할 수 없는 사건을 예방하기 위해 거문도를 일시적으로 점거하는 것이 필요하다는 영국 정부의 결정을 전달하였다.[109]

중국 주재 에노모토 공사도 이날 전보로 거문도 점령 사실을 본국 정부에 보고하였고 일본 정부는 조선에 영국과 러시아 두 나라가 진출해 점령

---

107 F. O. 405/35/4, Plunkett to Granville, Tôkiô, Apr. 9, 1.20 pm(Received Apr. 9, 11. 40. am), AADM, p. 489.

108 F. O. 405/35/8, Granville to Plunkett, Foreign Office, Apr. 17, 1885, AADM, p. 491; BDFA, doc. no. 136, p. 243; PP. 2. 한편 일본과 중국은 4월 18일 오후 3시 톈진에 있는 수사(水師) 영무처(營武處)에서 갑신정변을 마무리한 톈진조약에 조인하였다. 조인식이 끝나자 리훙장은 장차 조선에서 외국 침략을 방어하기 위해 같이 협력하자고 밀약 체결을 언급하였다. 영국의 거문도 점령에 대처하자는 제의였으나 이런 밀약 문제는 곤란한 문제를 제기할 것이어서 이토 히로부미는 한담으로 치부하고 더 이상의 대응을 자제하였다. 「談判及調印ニ至リシ情況報告」, 榎本駐清公使ヨリ井上外務卿宛, 1885년 4월 27일, 『日韓資料』, 3, 문서번호 59, p. 429; 『日韓資料』, 7, p. 573.

109 「朝鮮巨文嶋占據通牒ノ件」, 英國公使ヨリ井上外務卿宛, 4월 20일, 『日外』, 제18권, 문서번호 332, pp. 599~600. 영국의 통고를 받기 바로 직전에 요시다(吉田清成) 차관은 플런켓 공사에게 거문도 점령 소문의 진위를 타진한 바 있다. F. O. 405/35/41, Plunkett to Granville, Tôkiô, Apr. 27(Received June 2), Inclosure, Yoshida to Plunkett, Foreign Office, April, 20, 1885, AADM, p. 505.

하는 비상사태에 직면해 일본 정부는 거문도 현지에 군함을 파견토록 결정하였다. 조선 연안에 군함 두 척만이 배치되어 있어서 군함의 증파를 이노우에 외무경은 산조(三條) 태정대신에게 요청하였다.[110]

일본과 중국 당국자 사이에도 거문도 문제가 어느 정도 심도 있게 거론된 것도 이날이었다. 이토 히로부미가 톈진 회의를 마치고 일본으로 떠난 다음날이어서 에노모토는 리훙장의 사무실을 방문하였다. 두 사람은 톈진조약 이후의 동북아시아 문제에 관해 환담하던 중 거문도 문제를 거론하였다. 에노모토는 영국이 미야코(宮古), 야에야마(八重山) 섬들을 점거하는 사태가 발생하지 않을까 일본은 우려한다고 말을 꺼내었다. 리훙장은 조선이 만든 지도를 펼쳐 보이며 거문도의 정확한 위치를 질의하면서 거문도 사건이 일본에게 좋은 일이 아니라는 의견을 개진하였다.

에노모토는 일본만이 아니라 조선 · 일본 · 중국, 그리고 러시아에게도 평온하지 못한 일이라고 진단하였다. 일본은 쓰시마(對馬島)와 같은 좋은 항구가 있어서 직접적인 피해는 없지만 영국의 군함들이 거문도를 기지로 삼아 중국의 즈푸(芝罘)나 뤼순(旅順)에 출몰한다면 중국에게는 큰 위험이라고, 일본보다 중국에 더 문제가 된다고 거문도 점령의 문제점을 부각시켰다.

리훙장은 영국이 러시아의 남침에 대비해 잠시 점거한다니 조만간 철수할 것이라고 전망하고 일본도 철수에 힘써달라고 부탁하였다. 러시아 문제가 나오자 에노모토는 러시아가 영국에 이어 영흥만 · 울릉도 또는 거제도를 점령하지나 않을까 걱정이라고 우려를 표시하였다. 두 사람은 중국과 일본이 합심해 조선을 타국이 점거하는 사태를 예방해야 된다는

110 「朝鮮近海巡洋ノタメ軍艦派遣方ノ件」, 1885년 4월 21일, 井上外務卿ヨリ三條太政大臣宛, 『日外』, 18, 문서번호 207, pp. 373~374.

데 의견을 같이 하였다.[111]

거문도 점령의 공식 통고를 받은 일본 외무성은 22일 다음과 같은 일본 정부의 공식 입장을 플런켓 공사에게 전달하였다.

> [일본]제국 정부는 제국의 영토에 근접한 지점을 가령 영국과 같이 제국과 우호관계에 있는 국가가 점거하는 경우 결코 이에 무관심할 수는 없다. 또한 제국 정부는 영국 정부가 이와 같은 조치를 취하게 된 사정, 그리고 이 건에 관해 조선 정부와 이미 교섭이 있었는지에 관해 [영국 정부의] 통첩을 매우 깊은 관심으로 기다린다. 제국 정부는 이 건에 관한 진상에 대해 충분한 보도를 가질 때까지 제국 정부로서의 의견 표시를 유보하지 않을 수 없다.[112]

플런켓 공사는 위의 일본 입장을 본국에 보고하면서 이노우에가 더 이상의 언급을 유보한 이유는 어떤 답변을 하는 경우 그것이 거문도 점령을 동의하는 것으로 러시아 정부가 오해하지 않을까 하는 우려에서 나온 것이라고 비밀 주석을 달고 있다.[113]

---

111 『日韓資料』, 7, pp. 581~582. 이토는 중국에 머물고 있는 동안 오코너 영국 공사에게 영국의 거문도 점령은 뤼순(旅順)으로 가는 징검다리라고 말했다고 오코너는 4월 21일 본국 정부에 보고하였다. 오코너는 당시 이 말이 무슨 뜻인지 몰랐다고 한다. O'Conor to Granville, Apr. 21, 1885, Lensen(1982), p. 55.

112 「英國ノ巨文嶋占據ハ日本ニ取リ重大關心タルヲ以テ之カ眞相ノ充分ナル報道ヲ得ル迄ハ本件ニ關シ意志表示ヲ留保スル旨回答ノ件」, 井上外務卿ヨリ英國公使宛, 4월 22일, 『日外』, 문서번호 333, p. 600.

113 F. O. 405/35/10, Plunkett to Granville, Tôkiô, April 23, 1885, telegraphic(Received April 23), AADM. pp. 491~492; BDFA, doc. no. 137, p. 243; PP, 2. 플런켓은 이 전보를 타전한 날 같은 의견을 서한으로 부연 설명하였다. F. O. 405/35/40, AADM. p. 503; BDFA. doc. no. 151, p. 249. 다비도프 러시아 공사도 이노우에 외무경이 거문도 점령 소식으로 경악했다고 보고하고 있다. 다비도프는 일본 외무성은 영국이 거문도를 점령하더라도 곧 철수할 것이라고 믿고 있지만 아무런 외교상의 의식(儀式, ceremony)도 없이 점령하고 일본도 같은 피해를 보지 않을까 걱정하고 있다고 기르스 외상에게 4월 9일에 이미 보

영국 주재 일본 공사 가와세 마사타카도 4월 22일 그랜빌 영국 외상을 외무성으로 찾아가 거문도 문제에 관해 회담을 하였다. 그랜빌이 말하길, 얼마 전 영국 외무성은 이에 관해 아무런 훈령도 내린 바 없으며 아는 바도 없다고 답변하였다는 것이다. 그는, 이것은 진실이었다고 다시 외교상의 허위를 말하고 있다. 그는 이어서 비밀을 요한다면서 다른 국가가 점령하는 것을 예방하기 위해 거문도 점령에 관한 재량권을 중국해 해군 사령관에게 부여했는데 그가 아직 그 명령을 이행했는지는 모른다고 말하였다. 그는 다시 거짓말을 계속하였다. 가와세는 영국이 중국이나 조선 정부와 어떤 합의를 했는지 질문하였고 거문도의 소속에 관한 그랜빌의 질문에 그 섬은 분명히 조선의 영토라고 가와세는 답변하였다.[114]

3. 일본과 중국의 교섭

일본 이중 외교의 기본노선을 담은 6월 10일 이노우에 훈령은 6월 27일에야 베이징에 도달하였다. 에노모토 공사가 이 훈령에 따라 행동을 취하기 이전에 이노우에 외무경은 영국 주재 일본 공사에게는 쩡지쩌와 교섭케 하고 자신은 일본 주재 중국 공사와 접촉하였다.

고한 바 있다. Davydov to Giers, Apr. 9, 1885, GA, U-A, 3, 1885, delo, 45, Lensen(1982), pp. 55~57. 그런데 도쿄 주재 프랑스 공사는 일본이 영국의 점령 움직임을 러시아를 견제하고 조선을 보호하는 데에 훌륭한 수단이라고 생각하고 있다고 보고한 것은 이노우에 이중 외교의 함정에 빠진 것이다. Sienkiewicz to French Foreign Minister, Apr. 13, 1885. Lensen(1982), p. 55.

114 「4月23日付倫敦英國外務大臣發在京英國公使宛電報」, 『日外』, 제18권, 문서번호 334 附屬書, pp. 600~601; F.O 405/35/12, Granville to Plunkett, Foreign Office, April 23, 1885, AADM. p. 492; BDFA. p. 244, 일본 문서는 매우 간략한 개요에 불과하다.

6월 12일 이노우에는 가와세 영국 주재 공사에게 거문도 점령이 위험하다는 점을 쩡지쩌 중국 공사에게 알릴 것을 전보로 훈령하였다. 쩡지쩌는 거문도 점령이 잠정적이라는 생각을 갖고 있었는데 이노우에는 잠정적인 시간은 99년의 기간도 해당한다고 하면서 영국이 거문도에서 즉시 철수하지 않는다면 중국과 일본의 이해관계를 심각하게 저해한다고 타전하였다.[115]

6월 15일에 이노우에는 일본 주재 중국 공사 수청자오(徐承祖)를 그의 관저로 예방해 거문도 문제의 심각성을 강조하였다. 이노우에는 톈진조약 제3조[116]를 러시아도 원용할 수 있다고 말하는 사람도 있음을 먼저 경고하였다. 그리고 조선이 이 문제를 잘못 처리하면 중국과 일본 두 나라에 큰 피해를 초래할 수 있다고 경고하고 러시아는 영국에 대항해 원산이나 부산을 점령할 것이니 리훙장에게 이런 사정을 알릴 것을 부탁하고 자신도 하라 다카시(原敬) 톈진 주재 영사에게도 훈령해 리훙장과 회담토록 하였다고 말을 맺었다.[117]

에노모토 공사는 6월 27일 이노우에의 6월 10일자 훈령을 받고 6월 29일 베이징을 출발, 7월 1일에 톈진에 도착하였다. 그는 7월 2일부터 리훙장과 회담을 시작하였다. 거문도 문제를 어떻게 생각하느냐는 에노모토 질의에 리훙장은 톈진 주재 영국 영사 브레넌과의 회견으로 대신 대꾸하였다. 즉 브레넌이 러시아와의 분쟁이 타결되면 철수한다고 말하자 리훙장은 러시아도 영국과 같은 행동을 할 것이라고 예측한다고 하자 그것은

115 Telegram, 1885/0307–0308, Lensen(1982), p. 57.

116 갑신정변을 마무리한 1885년 4월 18일 톈진조약 제3조는 널리 알려진 다음의 내용이다. 조선에 변란이나 중대 사건이 있어서 중국과 일본 두 나라 또는 한 나라가 군대를 파견할 경우 문서로 먼저 알리고 사건이 진정되면 곧 철수한다는 내용인데 러시아도 이 조항을 원용할 수 있다는 풍문이 있었거나 혹은 이노우에가 과장해 수청자오에게 전달했을 것이다.

117 『追補』, pp. 352~356.

영국이 관여할 일이 아니라고 말했다고 에노모토에게 전하였다. 두 사람은 영국은 러시아와의 분규가 해결되어도 거문도에서 철수하지 않을 것이라는 데 의견을 같이 하였다. 에노모토는 새들 아일랜드(Saddle Island, 諸鞍島)에서 거문도까지[118] 해저전선을 부설하는 것을 보면 그렇다고 거들었다. 리훙장은 에노모토에게 베이징의 포포프 러시아 공사의 의중이 무엇인지 질의하였다. 포포프는 러시아도 영국처럼 조선의 영토를 점거할 의사는 없다고 했으나 그렇게 해야 한다고 생각하는 사람이 러시아 공사관에 있다고 에노모토는 대꾸하였다. 그는 이어서 조선의 철수 요청 서한은 그 내용이 미흡하다고 조선의 강경한 대응을 리훙장에게 촉구하였다. 시간이 이미 12시이어서 다음날 오후 4시에 다시 만나기로 하고 7월 2일의 회담을 마쳤다.[119]

7월 3일의 회담은 주로 조선 내정에 관해 의견을 교환하였다. 리훙장은 조선은 중국의 속방이라는 점을 강조하였다. 회의가 끝날 무렵 리훙장은 이노우에의 8개조를 한역할 것을 부탁해 뤄펑루(羅豊錄)가 톈진 주재 일본 영사관에서 한역한 것을 기초로 다시 번역해 리훙장에게 제출하였다.[120]

에노모토는 리훙장과 두 차례 회담을 마치고 이노우에의 8개조 제안에 대해 리훙장이 크게 찬성했노라고 7월 7일에 전보로, 그리고 다음날에는 서한으로 이노우에에게 보고하였다. 그러나 에노모토가 베이징으로 귀임하기에 앞서 7월 9일 리훙장을 그의 집무실로 예방하자 리훙장의 태도는 돌변하였다. 리훙장은 8개조에 대해서는 이의는 없으나 동의할 수는 없

118 이때 옆에 있던 진해관도태(津海關道台) 저우푸(周福)가 독일어로 이미 상하이까지 부설되었다고 말하였다.

119 『追補』, pp. 361~368.

120 위 문서, pp. 373~381.

다고 잘라 말했다. 특히 제3조에 대해 반대 의사를 명백히 하였다. 톈진과 도쿄의 거리로 보아 실행하기 어렵고 조선은 중국의 속방이기에 속방의 내정에는 관여하지 않는 것이 관례라는 것이 반대의 명분이었다.

에노모토는 경악해 어제까지 동의하고는 갑자기 톈진과 도쿄의 거리 문제를 거론하는 것은 반대한다는 뜻이 아니냐고 추궁하였다. 리훙장은 자신은 조선 국왕에 대해서 종주의 권한이 있으나 일본은 조선을 독립국으로 간주하고 있지 않느냐고 반문하였다.[121] 리훙장은 이노우에 제안의 진의를 간파하고 그런 제의 자체를 거부하고 있는 것이었다. 7월 15일 이노우에는 에노모토에게 지금까지의 톈진 회담을 취소하고 베이징으로 돌아가라고 훈령하였다. 7월 19일 에노모토는 톈진을 떠나 베이징에 다음날 도착하였다.

이노우에는 8월 15일자 기밀신(機密信)을 에노모토에게 전달하였다. 그것은 8개조 제안을 다시 추진하지 않고 조선을 방임한다는 정책으로 선회한다는 내용이었다. 중국은 조선을 속방으로, 일본은 독립국으로 간주하는 기본 입장의 차이로, 그리고 제3조를 제외하면 8개조 제안의 정신이 사라지기 때문에 8개조 제안 자체가 의미가 없다고 말하고 에노모토가 건의하는 조선에 대한 중국과 일본의 합동 보호도 불가능하다고 일축하였다. 따라서 "조선에 대한 정략을 일변해서 방임하고 자연(自然)의 성행(成行)을 방관하는 수밖에 없다"는 결론에 이노우에는 도달하였다.[122]

일본의 입장은 이와 같이 매우 미묘하였다. 이노우에는 중립이 최선이라고 판단하였으나 영국과 러시아가 전쟁을 벌이는 경우 일본이 현실적으로 엄정 중립을 과연 지킬 수 있을까가 의문이었다. 이런 점은 일본 주

121 위 문서, pp. 381~383; 『한일사료』, 47, pp. 429~431.

122 위 문서, pp. 384~386.

재 프랑스 공사 시엥키에비치가 다비도프 공사와의 회견에서도 확인한 바 있다.[123]

4. 오코너와 플런켓

영국 정부는 러시아와 분쟁이 발생할 경우 일본의 도움을 받는 일에 회의적이었다. 일본을 근본적으로 불신하였다. 거문도 사건 이전인 1885년 3월 21일 플런켓 공사는 영국이 러시아와 대립하는 상황에서 일본의 협조가 필요하다는 의견을 본국에 개진한 바 있다. 그러나 영국 외무성은 이런 건의에 비판적이었고 커리(P. Currie)는 플런켓의 이 보고서에 다음과 같은 의견을 첨부하였다. 일본은 자신이 받은 모든 제의들을 발설할 것이다. 일본은 중국과 연결하는 것을 첫째로 생각하고 있다. 영국이 실제로 러시아와 전쟁을 하는 경우에 사할린을 일본에 양여한다는 조건으로 일본을 언제든지 유인할 수 있으며 영국의 해군력으로 일본이 러시아 편에 서는 것을 저지할 수 있다.[124]

이 중요한 시기에 영국의 현지 외교관들 사이에 일본 정책의 본질에 관해 심각한 의견의 차이를 보였다. 런던의 영국 외무성은 조선과 중국을 충동질하는 배후 세력으로 일본을 지목하고 있었다. 중국 주재 오코너 공사는 이런 확신을 갖고 있었는데 플런켓 공사만이 일본은 결코 그런 음모를 갖고 있지 않다고 강변하였다. 일본 정치인의 말을 그대로 믿고 일본의 이중 외교를 간파하지 못하였던 것이다.

---

123 Sienkiewicz to Freycinet, June 29, 1885, DP, no. 99, Tokyo, Lensen(1982), pp. 57~58.

124 F. O. 46/329/87, Plunkett to Granville, Mar. 21, 1885, Jones(1936), p. 452.

오코너는 처음부터 일본을 의심하였다. 중국의 태도가 급변한 이후 중국의 입장을 5월 9일 전보로 보고한 내용에도 거문도 점령을 반대하라고, 일본이 중국을 부추긴다고 하면서 일본의 이런 태도를 플런켓 공사에게 사적으로 알렸다고 전한 바 있다.[125]

5월 20일 오코너는 조선 조정이 영국에 항의하자 조선을 충동질한 배후 세력 중 하나로 다시 일본을 지목하였다. 그는 23일 그랜빌 외상에게 총서의 대신들은 일본이 거문도 점령에 특히 반대한다고 보고하였다. 그리고 에노모토 일본 공사는 거문도가 훌륭한 항구라는 점을 현지 지도를 총서 대신들에게 보여주면서 역설하고 어떤 국가의 침략에도 거문도는 어뢰로 용이하게 방어할 수 있다고 설명하였다. 에노모토는 결코 본국 정부의 훈령 없이는 이런 행동을 하지 않는 인물이라고 오코너는 강조하고 일본 정부의 입장 자체가 영국에 배치된다고 결론짓고 있다.[126]

플런켓 공사는 일본의 정책을 정반대로 평가하였다. 5월 23일 그는 이노우에 외무경을 회견하고 그 결과를 그랜빌 외상에게 보고하면서 일본은 결코 영국 정책에 반대하지 않는다고 판단하였다. 이노우에 외무경은 거문도 문제에 대해서 침묵만을 지켰다는 사실, 딩루창의 나가사키 방문을 플런켓이 언급하자 그는 다른 주제로 말을 돌렸고 거문도 문제에 관한 언급을 회피했다고 전하고 있다. 그리고 오코너 공사와 나가사키 주재 엔슬리(Enslie) 영사는 도웰 사령관에게도 일본이 영국 점령에 적극 반대한다고 언급하고 있으나 도쿄에서는 그런 조짐이 없으며 일본 신문도 거문도 문제를 거의 언급하지 않고 자제하고 있으며 일본 대신들도 이 문제에

125 F. O. 405/35/18, O'Conor to Granville, May 9. 1885 2: 55 pm(Received 10:30 pm); AADM, p. 495.

126 F. O. 405/35/110, O'Conor to Granville, May 23, 1885(Received July 23), AADM, pp. 557~558.; BDFA doc. no. 202, pp. 281~282. F. O. 405/35/172, O'Conor to Salisbury, Peking, July 5, 1885(Received Sept. 7); AADM, p. 618.

관해 자신에게 항의하지 않는다고 전하고 있다. 더 나아가 중국 총서가 일부러 일본이 충동질한다는 그릇된 정보를 전파한다고, 자신은 다른 정보 소스에서 들었노라고 도웰에게 전하고 있다.[127]

플런켓 공사는 5월 23일의 회견을 마치고 며칠이 지나 이노우에를 다시 만났다. 이노우에는 거문도 문제를 언급하지 않으려고 하여 플런켓이 자신이 1875년에 거문도를 방문했던 경험을 빌미로 이노우에의 의견을 유도하였다. 그러나 이노우에는 거문도 점령에 대해 항의에 가까운 언사를 자제하면서 러시아가 조선의 영토를 획득하는 명분을 주지 않는다면 반대하지 않는다고 말했다는 것이다. 그리고 조선은 거문도의 조차(租借)나 매매에 결코 동의하지 않을 것이니 이 문제로 조선과 협의하지 않길 희망한다고 이노우에는 언급하였다. 플런켓이 이노우에에게 견해 피력을 강요한 것은 오코너가 일본이 점령 반대를 부채질한다고 알려왔기 때문이라고 적고 있다. 플런켓은 일본을 의심하는 것은 중국의 선전이라고 하면서 이노우에는 에노모토 일본 공사에게 점령을 반대하라는 훈령을 보내지 않았을 것이라고 본국에 보고하였다.[128]

일본의 태도에 대한 이런 상이한 해석은 중국이 과연 친영국적인가에 대한 평가로 직결된다. 플런켓은, 중국은 영국을 반대하는 정책을 추구하고 있고 총서와 리훙장 사이에 심각한 분쟁이 있다고 판단한 반면에 오코너는 이런 해석에 반대하였다.[129]

---

127 F. O. 405/35/65, Plunkett to Granville, Tôkiô, May 25, 1885(Received June 30), AADM. pp. 515~516; BDFA, doc. no. 171, pp. 257~258; Inclosure 1, Plunkettt to Dowell, May 23, 1885, Inclosure 2, Plunkettt to Dowell, May 24. 1885.

128 F. O. 405/35/81, Plunkett to Granville, Tôkiô, June 5, 1885(Received, July 10), AADM, pp. 536~537; BDFA, do. no. 184, pp. 271~272. [부속 문서 없음]

129 F. O. 405/35/145, O'Conor to Granville, Peking, June 17, 1885(Received August 11); AADM, pp. 592~593.

영국은 정부 차원에서는 일본을 계속 의심하였다. 사실 영국의 이런 위구심은 정확한 것이었다. 김윤식이 다시 항의할 계획이라는 사실을 알게 되자 7월 10일 외상 솔스버리는 플런켓 공사에게 조선의 항의는 일본의 음모라고 전달하였다.[130]

플런켓 공사는 일본은 조선의 항의와는 무관하다는 보고를 7월 14일에 전보와 서한으로 솔스버리에게 전달하였다. 서한에는 플런켓이 이노우에에게 보여주고 그의 동의를 받은 각서를 동봉하였다. 이 각서에서 외무경은 에노모토 공사가 결코 중국에서 영국에 반대하는 행동을 할 권한이 없으며 조선에 러시아 교관 파견을 예방하기 위해, 그리고 중국의 조선 지배를 강화하기 위해, 중국에 파견된 것이라고 언급하고 중국이나 조선에서 영국에 반대되는 행동을 허용했다는 것을 부인하였다.[131]

이노우에의 각서가 허위에 찬 문서라는 것은 말할 필요도 없다. 그가 에노모토 공사에게 전달한 7월 15일자 기밀신(機密信) 32호에는 영국 공사에게 말한 것과 6월 10일 에노모토에게 전달한 훈령 사이에 차이가 있는 것은 일본이 영국과 러시아 어느 쪽의 환심도 잃으면 안 되기 때문이었다고 솔직하게 말하고 있다.[132]

오코너 공사는 에노모토가 본국의 훈령에 따라 행동하고 있다는 확실한 증거를 솔스버리에게 7월 15일자 보고에서 제시하고 있다. 오코너는

---

130 F. O. 405/35/83, Salisbury to Plunkett, Foreign Office, July 10, 1885, 5:50 pm, AADM, p. 538; F. O. 405/35/84, Salisbury to Plunkett, Foreign Office, July 10, 1885, AADM, p. 538.

131 F. O. 405/35/99, Plunkett to Salisbury, Tôkiô, July 14, 1885, 10:17 am(Received July 14, 10:30 am), AADM, p. 549; BDFA, doc. no. 196, p. 277. F. O. 405/35/162 Plunkett to Salisbury, Tôkiô, July 14, 1885(Received Aug. 25), AADM, pp. 607~610; BDFA, doc. no. 240, pp. 306~307, Inclosure 1, Memorandum shown to Count Inouye and approved by him.

132 『追補』, pp. 384~385.

이 보고문에서 7월 10일 아침에 있었던 리훙장과 톈진 주재 영국 영사 브레넌(Brenan)의 회담 내용을 동봉하고 있다. 이 회담에서 리훙장은 에노모토가 본국의 훈령에 따라 중국과 일본이 공동 행동을 모색해야 한다고 말한 바 있다고 브레넌에게 언급하였다.[133] 그리고 7월 20일자 보고에서는 에노모토가 리훙장에게 본국 훈령을 읽어주었다고 리훙장이 말했다고 되어 있다.[134]

---

133 F. O. 405/35/177, O'Conor to Salisbury, Peking, July 15, 1885(Received Sept. 7), AADM, pp. 622~623; BDFA, doc. no. 245, pp. 311~312, Inclosure 1, Brenan to O'Conor, Tien-tsin, July 10, 1885.

134 F. O. 405/35/186, O'Conor to Salisbury, Peking, July 20, 1885(Received Sept. 21), AADM, pp. 628~629; BDFA, doc. no. 253, pp. 316~317. 러시아 문서도 일본의 이중 외교를 확인하고 있다. 리훙장과 에노모토의 당시 회담에서 에노모토는 영국과 러시아가 전쟁을 하는 경우 일본과 중국은 연합해 러시아에 대항하자고 리훙장에게 제안하고 일본은 3만의 병력을 동원할 수 있다고 말하였다는 것이다. Telegramma Popova ot 9 iyulya 1885g.(1885년 7월 9일 포포프의 전보); Telegramma Popova ot 12 iyulya 1885g.(1885년 7월 12일 포포프의 전보), Telegrama Popova ot 20 iyulya 1885g.(1885년 7월 20일 포포프의 전보), AVPR, kit. stol(중국과), 1885, no. 83, l. 77, 79, 82~83, Narochnitskii (1956), pp. 386~387. 영국·중국, 그리고 일본이 러시아에 대항한다는 문제에 다비도프 일본 주재 공사가 이노우에에게 질의하자 이노우에는 영국과 러시아가 전쟁을 하는 경우 일본은 중립을 지킬 것이며 일본 정부는 국내 문제로 할 일이 너무 많다는 상투적인 답변을 할 수밖에 없었다. Telegramma Davydova ot 15 iulya 1885g.(1885년 7월 15일 다비도프 전보), AVPR, Tokio, no. 102, Pismo Davydova k Girsu ot 29 iulya 1885g.(1885년 7월 29일 다비도프가 기르스에게 보낸 서한), AVPR, gl. arkh., 1~9, 1885, no. 7, l. 55. Narochnitskii(1956), p. 387.

제3부

조선의 항의와 영국의 거문도 철수

제1장
거문도 점령과 조선

1. 영국 문서의 이상한 왕래

영국 정부는 1885년 4월 17일 중국과 일본 정부에 거문도 점령 사실을 알리라고 오코너와 플런켓에게 훈령하였다. 이들은 20일 점령에 관한 비밀 각서를 주재국 정부에 전달하였다.

그러나 영국 정부는 점령 대상 국가인 조선에 대해서는 차별 취급하였다. 4월 23일에 가서야 오코너 공사에게 거문도의 일시 점령이 필요하다는 비밀 각서를 조선 조정에 교부하라고 전보로 훈령하였다.[1] 오코너 공사는 24일자로 서한을 작성해 조선 정부에 발송하게 되었다. 그런데 이 서한이 서울에 도착하려면 3주일 정도의 시간이 걸리기 때문에 그 사이에 조선 정부가 점령 소식을 알게 되면 분노하지 않을까 우려한 오코너 공사는 먼저 전보로 칼스(W. R. Carles) 조선 주재 부영사 겸 총영사 대리에게 그 서한의 요점을 알렸다. 이 전보에는 통서 독판 김윤식에게 전달

---

1 F. O. 405/35/11, Granville to O'Conor, Foreign Office, April 23, 1885, AADM. p. 492; PP. doc. no. 2.

할 서한의 요지, 그리고 점령의 완료 소식을 들을 때까지 점령에 관해서 언급하지 말고 분노와 항의를 예방할 필요가 있을 때 언급하라는 훈령이 동봉되었다.[2]

전보는 예상 밖으로 서울에 늦게 도착해 칼스는 5월 6일에야 받아 볼 수 있었다. 더욱이 전보의 전반 부분이 암호로 되어 있었는데 칼스는 암호 해독 검색표를 갖고 있지 않아서 전보에서 언급하고 있는 문서의 발송자가 누구인지 알 수가 없었다. 칼스는 김윤식에게, 당신에게 전달할 영국의 문서는 지금 오고 있는 중이라고 말할 수밖에 없는 실정이었다.[3] 칼스의 이런 난처한 입장은 5월 14일 김윤식이 그를 방문했을 때도 여전하였다. 김윤식이 거문도 문제를 거론하자 칼스는 영국의 문서가 지금 오고 있는 중이라고만 답변할 수 있었다.[4]

4월 24일자 오코너의 서한은 그가 예상한 대로 5월 19일 아침에야 서울에 도착하였다. 사정의 전말을 알게 된 칼스는 곧 김윤식에게 면회를 신청했으나 그가 분주하다고 해서 다음날 12시로 일단 연기하고 스커트(Scott)로 하여금 오코너의 문서를 전달케 하였다. 그 내용은 예측할 수 없는 일을 예방코자 거문도를 잠시 거수(居守)한다는 의례적인 것이었다. 김윤식은 아무런 언급도 하지 않고 오코너의 문서를 접수하면서 영국과 러시아의 분쟁이 해결됐는지의 여부만을 질문하였다.[5]

---

2 F. O. 405/35/59, O'Conor to Granville, Peking, April 24, 1885(Received June 30), AADM. pp. 510; BDFA, doc. no. 165, pp. 253~254; 「照錄英國駐北京署理欽差密照會稿」, 『中日韓』, 4, 문서번호 1001(1885년 6월 25일, 음력 5월 13일), pp. 1836~1837.

3 F. O. 405/35/92, Carles to O'Conor, Hanyang, May 19, 1885(Received July 13), AADM, p. 544.

4 F. O. 405/35/79, Plunkett to Granville, Tôkiô, May 28, 1885(Received July 10), Inclosure 3, Carles to O'Conor, AADM, p. 532; BDFA, doc. no. 183, pp. 270~271.

5 『통서』, 1, p. 206; 주 3의 영국 문서 참조. 5월 19일에야 접수한 영국의 문서를 『실록』이나 『영안』은 4월 24일자에 수록하고 있어서 인용하는 데에 주의해야 한다. 『실록』, 중, p. 191;

2. 조선의 초기 대응

조선 조정은 5월 7일(음력 3월 23일) 동래부에 다음과 같은 문서를 보내 거문도의 현황을 파악토록 하였다.

> 들건대 흥양(興陽) 거문도에 영국의 병선이 온 흔적이 있다고 하는데 이 공문이 도착하는 날 즉시 일을 명백히 아는 사람을 미리 선발해 독일 혜펄 선박이 오는 것을 기다릴 것. 혜펄 세무사는 이를 잘 알 것이다. 그 선발한 사람을 독일 선박 편에 거문도 근처에 나가 정형을 살피도록 해 즉시 본 아문에 급보로 알리라. 이는 긴요하고 중대한 일이니 소홀해 그르치면 안 된다.[6]

영국 정부는 조선 정부가 어떤 태도를 취할 것인지 한동안 정확하게 알지 못하였다. 오코너 공사가 5월 9일 그랜빌 외상에게 보낸 두 개의 전보도 이런 사정을 뒷받침하고 있다. 첫 번째 전보에서는 조선의 태도에 대해서는 알 수 없다고 말하고, 이에 관해 조선 주재 영사에게 비밀리에 주의를 환기시켰다고 보고하였다. 그런데 같은 날 보낸 두 번째 전보에서는 팅루창이 조선으로 떠났다고 알리고 조선은 팅루창을 통해 항의할지 모른다고 하면서 거문도의 임차를 제의하면 곤란을 피할 수 있을 것이라는

「英海軍의 巨文島暫時占據事」, 『영안』, 1, 문서번호 206, p. 125.

6 『통서』, 1, p. 199. 조선 조정이 팅루창(丁日昌)을 통해 리훙장의 서한을 받기 이전의 일이다. 중국 정부는 5월 1일 거문도 점령을 적극 반대하기로 정책을 바꾸고 5월 3일에는 팅루창으로 하여금 군함을 이끌고 조선 현지에 나아가도록 하였다. 그는 5월 8일 마산포(馬山浦)에 도착해 10일 고종을 알현하고 영국의 거문도 점령을 결코 허용치 말라는 5월 4일자 리훙장의 서한을 전달하였다. 「論巨磨島事」, 『李文』, 5, 譯署函稿, 1885년 5월 18일(음력 4월 5일), pp. 423~424. 미국 문서는 조선이 거문도 문제를 인지한 것은 묄렌도르프가 러시아 · 일본 신문을 보고 알게 된 5월 11일이라고 적고 있다. Foulk to Bayard, May 19, 1885, KAR, doc. no. 172, p. 74; PP, doc. no. 10.

의견을 개진하였다.[7]

영국 정부가 조선의 강력한 반대 의사를 알게 된 것은 5월 14일 나가사키에 있던 도웰 제독의 전보 때문이었다. 당시 나가사키에 체류 중인 조선 주재 총영사 애스턴(W. G. Aston)이 영국 국기가 거문도에 게양되는 경우에 조선은 서울의 영국 영사관 철수를 요구할 것이라고 말했다고 도웰은 전하고 있다. 해군성은 곧 이를 외무성 차관보이며 동아시아 문제를 담당하고 있던 커리(P. Currie)에게 알렸다.[8]

서울에 있던 칼스도 조선의 강경 입장을 어느 정도 감지하고 있었다. 5월 7일 그가 오코너에게 보낸 보고에 의하면 조선 정부는 거문도 문제에 관해 아무런 언급이 없지만 영국 국기가 거문도에 게양되는 경우에는 서울의 영국 영사관 철수를 주장할 것이라는 개인적인 정보를 갖고 있었다.[9] 영국 정부는 그동안 경시해오던 조선 정부가 단호한 입장을 보이자 당황하기 시작하였다.

3. 엄세영과 묄렌도르프: 거문도

엄세영(嚴世永)과 묄렌도르프는 팅루창의 군함에 동승해 5월 16일 오전 거문도에 도착하였다.[10] 그들은 도착하자 곧 주민들로부터 자세한 정보

7 F. O. 405/35/18, O'Conor to Granville, Peking, May, 9, 1885. 2:55 pm(Received May 19, 10:30 pm.), AADM, p. 495; F. O. 405/35/19, O'Conor to Granville, Peking, May 9, 1885, telegraphic(Received May 10), AADM, p. 495.

8 F. O. 405/35/60, Carles to Granville, Hanyang, Hanyang, May 7, 1885(Received June 30), Inclosure, Carles to O'Conor, Hanyang, May 7, 1885, AADM, p. 511.

9 F. O. 405/35/60, Carles to Granville, Hanyang, Hanyang, May 7, 1885(Received June 30), Inclosure, Carles to O'Conor, Hanyang, May 7, 1885, AADM, p. 511.

를 입수하였다. 영국 선박 3척이 4월 23일(음력 3월 9일) 신시(申時)에 먼저 오고 곧 다른 선박이 왔는데 현재는 군함 6척, 상선 2척이 있다는 사실, 이들 영국 함대는 장기간 체류할 형세라는 점, 영국 국기는 5월 11일(음력 3월 27일)에 산 위에 세워졌다는 사실, 그리고 일본 선박 2척도 얼마 전에 와서 정탐하고 갔다는 사정을 알게 되었다.[11]

이런 사정을 알게 된 두 사람은 거문도에 주둔하고 있던 영국 해군 대령 맥클리어(J. P. Maclear)를 5월 16일에 만나게 된다. 이들의 대화 내용을 보자.

묄: 전번에 들으니 영국 병선이 이곳에 기치(旗幟)를 세웠다고 해서 사람을 보내 알아보려고 하였다. 마침 중국 병선이 순찰하다 마산포(馬山浦)에 와서 우리 대군주께서 팅루창과 상의해 그 윤선(輪船)을 따라왔다. 좀 전에 보니 과연 귀국의 기치가 세워져 있으니 무슨 의도인지 모르겠다.

맥: 이 기치를 세운 것은 해군 제독의 명을 받든 것이다. 본국 정부가 러시아가 이 섬을 점령한다고 탐문했기 때문이다. 현재 영국과 러시아는 실화(失和)의 기미가 있어서 먼저 와서 이 섬을 잠시 지켜 보호에 도움이 되고자 함이다.

묄: 조선은 영국과는 원래 조약이 있고 화호(和好)의 나라이고 러시아와도 조약이 있고 화호의 나라이다. 이제 귀국 병선이 조선 땅에 국기를 세우는 것은 이치에 있어 결코 허락할 수 없다. 청하는데 귀 정부에 이 의사를 명백히 전달해 알

10 조선 관리들이 중국 군함에 편승해 거문도와 나가사키에 나가 영국에 항의하게 되자 영국 정부는 중국 정부도 조선과 함께 항의하는데 동참하는 것이 아닌가 의심하게 되었다. 그러나 팅루창은 침묵을 지켜 영국을 안심시켰다. F. O. 405/35/95, O'Conor to Granville, Peking, May 20, 1885(Received July 13), Inclosure 3, 4, 5, O'Conor to Dowell, May 18. 19, Dowell to O'Conor, May 19, 1885, AADM, pp. 547~548.

11 嚴世永, 「穆麟德兩參判과 巨文島民의 英軍占據에 關한 問答節略」, 『영안』, 1, 문서번호 215, p. 130; 「寄譯署」, 『李文』, 6, 1885년 5월 19일(음력 4월 6일) p. 157; 『中日』, 上, 문서번호 380, p. 159; 「寄譯署」, 『全集』 21, G11-04-014, p. 531.

게 한 이후 조선 왕경(王京)에 와서 각국 공사에 조회하여 이 뜻을 알게 하라.

맥: 나도 조선이 이 일을 처리하는 데 어려움이 있음을 잘 안다. 원래 정부에 급히 알려야 마땅했으나 우리 정부의 의사도 각하에게 명백히 알리지 않았다. 나는 해군 제독의 명을 받아 이곳에 주둔하고 있으니 각하는 나가사키에 나가 해군 제독과 상의토록 하라. 지난달 28일 러시아 병선 한 척이 이곳에 왔는데 영국의 의도를 심히 의심하였다.

묄: 귀국이 기치를 조선 땅에 세우는 것은 이치에 스스로 맞지 않는다. 나는 명을 받아 이곳에 와서 묻는 것이고 곧 우리나라 대군주에게 상주(上奏)할 것이다. 각하도 이런 뜻을 해군 제독과 상의해 귀 정부에 급히 알려 속히 해결토록 하라.

맥: 그렇다. 모레 나도 나가사키에 갈 것이다. 이 달 1일에 영국의 전보가 왔는데 이르기를 영국 정부와 영국 주재 러시아 공사가 아프가니스탄 문제를 가지고 토의해 해명했다고 한다. 우리 병선은 이 보도에 따라 돌아갈 것이고 그러면 스스로 다툴 일이 없게 될 것이다.[12]

맥클리어 대령은 도웰 제독에게 조선 관리들이 나가사키로 출발한 사정을 알린다.

12 『실록』, 중, p. 194; 「嚴穆兩參判과 英船主麥傑伊의 口頭節略」, 『영안』, 1, 문서번호 216, p. 131; 「朝鮮派員與英國船主晤談節略」, 『中日韓』, 4, 문서번호 1001, 1886년 6월 25일(음력 5월 13일)의 부속 11, p. 1842; 「論巨磨島」, 1885년 5월 31일(음력 4월 18일), 譯署函稿, 『李文』, 5, 附屬文書 「朝鮮派員在長崎英4提督辯論節略」, pp. 428~429; F. O. 405/35/87, The Secretary to the Admiralty to Currie, Admiralty, July 8, 1885(Received July 11), Inclosure 2, Maclear to Dowell, May 16, 1885, AADM, pp. 540~541; BDFA, doc. no. 186, p. 273; F. O. 405/35/126, Carles to Granville, Hanyang, May 29, 1885(Received July 27), Inclosure 3, Memorandum of a Conversation on the 16th May, on board the English Gunboat "Flying Fish," between the Captain and Messrs. von Mollendorff and Om. AADM, pp. 574~575.

4. 엄세영과 묄렌도르프: 나가사키

엄세영과 묄렌도르프는 팅루창과 함께 5월 18일 아침 나가사키에 도착하였다. 조선 관리들은 이날 저녁 6시 30분에 도웰 사령관을 예방해 매우 강경하게 항의하였다.

거문도를 점거해 국기를 게양한 것은 도저히 허용될 수 없는 일이라는 점, 다른 나라가 이를 물으면 무엇이라고 답변할 수 있겠는가, 그리고 속히 영국 본국 정부에 알려 회답을 전달해주어야 조선으로 귀국해 자신들은 복명할 수 있다고 버티었다.[13] 대화의 장면을 보자.

> 묄: 어제 거문도에 도착하니 귀국 병선과 상선 8척이 이미 오래전부터 정박해 있고 산 위에 국기를 게양하였다. 이는 무슨 뜻인가?
>
> 다: 지금 이 섬에 군대를 주둔하는 것은 우리 정부의 명령인데 본인이 생각키로는 잠시 쓰는 것에 불과하다.
>
> 묄: 귀 정부가 단지 거문도에 정박하고 귀 제독은 잠시 쓴 것에 불과하다고 하는데 왜 산 위에 국기를 게양하는가?
>
> 다: 국기를 게양하지 않는다면 다른 사람들이 보고는 우리들 사이에 무슨 합의가 있었다고 의심할 것이어서 그렇다. 귀국에게는 여러 불편이 있을 것이다.

---

13 「嚴穆參判과 英提督의 巨文島占據에 關한 辨論節略」, 『영안』, 1, 문서번호 217, pp. 131~132; 「朝鮮派員在長崎英4提督辯論節略」, 『中日韓』, 4, 문서번호 1001, 1886년 6월 25일(음력 5월 13일)의 부속 12, p. 1843; 『李文』, 5, 譯署函稿, 附屬文書, pp. 429~430; 『李文』, 6, 電稿, p. 157; 「寄譯署」, 『全集』, 21, G11-04-016, p. 532. F. O. 405/35/126, Carles to Granville, Hanyang, May 29, 1885(Received July 27), Inclosure 4, Memorandum of Discussion with the British Admiral at Nagasaki, May 18, 1885, AADM, p. 575; F. O. 405/35/28, The Secretary to Admiralty to Mr. Currie, Admiralty, May 19, 1885, Inclosure, Dowell to the Secretary to the Admiralty, Nagasaki, May 18, 1885, AADM, p. 498; BDFA, doc. no. 186, 272~273.

묄: 산에 영국 국기를 게양하여 다른 나라가 지나가다가 보고 이를 물으면 우리는 무슨 말로 이에 대답할 수 있는가. 청컨대 귀 제독은 이를 명백히 하고 우리가 귀국해 알릴 수 있게 해달라.

다: 이를 우리 정부에 속히 전보로 알리고 회답이 오면 이를 각하에 보내겠다.

묄: 귀 정부의 회답 전보가 오길 기다려 이를 갖고 우리가 귀국해 보고하는 것이 마땅할 것이다.

다: 전보를 보내면 우리 정부는 의논한 이후 회답 전보를 보낼 것이다. 회신이 속히 오지 않을까 걱정이다.

묄: 귀 제독은 회답 전보가 속히 오지 않아 기다릴 수 없다고 하는데 우리들은 이 문제를 위해 명령을 받고 이곳에 왔다. 만일 이 문제를 모호하게 하고 귀국할 수는 없다. 이제 귀 제독에게 하나의 서한을 보내니 이를 열람한 후에 이에 대한 귀 제독의 의견을 상세히 알려주면 이를 갖고 복명하겠다.

다: 귀하의 서한이 오면 곧 답변하겠다.

엄세영과 묄렌도르프는 회견 다음날인 19일 도웰에게 항의 공문을 전달하였다. 그들은 이 공문에서 거문도 도착 이후의 사정을 간략히 다시 설명하고 거문도 점령이 어떤 명령에서, 그리고 무슨 이유로 점령했는지 질의하고 도웰이 곧 해명해 각국으로 하여금 거문도가 조선의 영토임을 알리라고 촉구하였다.[14]

도웰은 형식적인 변명을 할 수밖에 없는 입장이었다. 같은 날 엄세영

---

14 『실록』, 중, pp. 194~195; 「英軍의 巨文島占據에 對한 理由追窮事」, 『영안』, 1, 문서번호 218, pp. 132~133. F. O. 405/35/87, The Secretary to the Admiralty to Currie, Admiralty, July 8, 1885(Received July 11), Inclosure 3, MM. Om Si-yong and von Möllendorff to Dowell, Nagaski, May 19, 1885, AADM, p. 541; BDFA, doc. no. 186, pp. 273~274; 「照錄朝鮮派員致英國水使提督書稿」, 『中日韓』, 4, 문서번호 1001, 1886년 6월 25일(음력 5월 13일)의 부속 13, p. 1843~1844.

과 묄렌도르프에게 보낸 조회문에서 본국 정부의 뜻을 확실히 알지 못하지만 잠시 차용(借用)하는 것이 아닌가 변명하고 본국 정부에서 회신이 오면 전달하겠다고 일단 난처한 처지를 모면하였다.[15] 차용은 'rent'의 번역인데 전술한 바같이 5월 9일 오코너가 임대하는 형식을 빌려 난관을 피하자는 계책에서 비롯되었다. 엄세영과 묄렌도르프는 5월 21일 나가사키를 떠났다.

도웰은 본국 해군성에 조선 관리들의 강경한 태도를 보고하였다. 해군성은 도웰에게 조선 관리들이 회답을 요구하면 그들의 항의와 거문도의 잠정 점령에 관해 영국 외무성이 베이징 주재 영국 공사에게 훈령했다고 정중하게 답변하라고 훈령하였다. 해군성은 외무성에 이런 사정을 전달하였다.[16]

해군성의 이런 입장은 5월 20일 노드브루크 해군상 각서에 이미 나타나 있다. 그는 영국과 조선이 거문도 문제를 잠정적으로 협의코자 할 때 영국이 조선에게 어떻게 접근해야 되는가의 문제는 더 숙고해야 된다고 유보적인 견해를 피력하였다. 다만 현재로는 도웰에게 이 문제는 베이징 주재 영국 공사에게 맡길 것이라고 훈령하면 충분하다는 입장을 분명히 하였다.[17]

---

15 『실록』, 중, p. 195; 「巨文島占據暫時借用事」, 『영안』, 1, 문서번호 219, p. 133. F. O. 405/35/87, The Secretary to the Admiralty to Currie, Admiralty, July 8, 1885(Received July 11), Inclosure 4, Dowell to Om Si-yong and Von Mollendorff, May 19, 1885, AADM, pp. 541~542; 「譯錄英水使提督復文」, 『中日韓』, 4, 문서번호 1001, 1886년 6월 25일(음력 5월 13일)의 부속 14, p. 1844.

16 F. O. 405/35/34, The Secretary to the Admiralty to Currie, Admiralty, May 23, 1885(Received May 25), AADM, p. 501; Inclosure, The Secretary to the Admiralty to Dowell, May 23, 1885, p. 501.

17 F. O. 405/35/29, Memorandum by Lord Northbrook, May 20, 1885, AADM, pp. 498~500; BDFA, doc. no. 146, pp. 247~248.

영국 외무성은 5월 21일 플런켓 공사의 전보를 받고 조선 정부의 항의 내용을 자세히 알게 되었다. 외교 문제인 이상 도웰을 통하지 않고 조선 정부와 직접적으로, 또는 중국 정부를 통해 간접적으로 거문도 문제를 협의하겠다고 조선 정부에 알리도록 베이징과 도쿄 주재 공사들에게 훈령하였다. 나가사키의 조선 관리들이 영국에 보낸 항의 각서를 그곳의 러시아 영사에게도 전달했다는 보고를 받아 문제의 복잡성을 인식하게 되었다.[18] 오코너 공사는 21일 총서를 방문해 중국이 조선에 압력을 행사해 다시는 조선이 거문도 문제로 항의하지 않도록 부탁하였다. 오코너는 일본이 거문도 점령에 매우 강하게 반대한다는 정보를 총서 대신들로부터 얻었다고 전하고 있다.[19]

18 F. O. 405/35/31, Plunkett to Granville, Tôkiô, May 21, 1885, telegraphic(Received May 21), AADM, p. 500; F. O. 405/35/32, O'Conor to Granville, Peking, May 22, 1885, telegraphic(Received May 21), pp. 500~501; F. O. 405/35/33, Granville to O'Conor, Foreign Office, May 22, 1885, p. 501.

19 F. O. 405/335/110, O'Conor to Granville, Peking, May 23, 1885(received July 23); AADM, pp. 557~558; BDFA, doc. no. 202, pp. 281~282.

제2장
조선의 항의(1)

1. 5월의 항의

조선 조정은 크게 보아 다음과 같이 세 번에 걸쳐 국제적인 항의를 제기하였다. 1) 1885년 5월 20일 오코너와 칼스에게 보내는 항의 각서와 열강에 발송한 회한(回翰), 2) 1885년 7월 7일 열강의 중재를 요청하는 회한, 3) 1886년 7월 4일 영국에 보낸 항의 각서가 그것이다. 조선의 이런 대응을 자세히 보도록 하자.

5월 20일 영국의 회신을 받은 조선 조정은 본격적인 행동에 들어갔다. 이날 통서 독판 김윤식은 두 개의 공문을 영국에 전달하였다. 하나는 베이징의 오코너 공사에게 보내는, 일반적인 반대 원칙을 담은 간단한 문서[20]이고 다른 하나는 서울의 칼스 총영사 대리에게 전달한 문서[21]로 구

---

20 『실록』, 중, p. 195; 「英軍巨文島占據의撤回電請」, 『영안』, 1, 문서번호 220, p. 133. F. O. 405/35/80, Plunkett to Granville, Tôkiô, June 5(Received July 10), Inclosure 4, The President of the Corean Foreign Office to Mr. O'Conor, Hanyang, May 20. 1885, AADM, p. 536(F. O. 405/35/106, 칼스가 오커너에게 보낸 5월 21일자 부속문서 3과 동일, AADM, p. 553). 「朝鮮統理衙門電報駐北京英欽差稿」, 『中日韓』, 4, 문서번호 1001, 1886

체적이고 매우 강경한 내용을 담고 있다. 이런 훌륭한 문서를 즉각 영국에 전달한 것을 보면 조선 조정은 거문도 점령 사실을 인지한 이후부터 이에 관한 대응 조치를 강구한 것을 알 수 있다.

김윤식은 오코너에게 보낸 문서에서 지난번 영국의 비밀 조회문을 보니 영국이 거문도를 차용해 거주코자 하는데 이 섬은 조선의 중요한 지방으로 비단 영국에게만 허용치 않는 것이 아니라 다른 나라가 요구해도 결코 승인할 수 없다고 단언하고 있다. 따라서 영국은 우의를 중시하는 국가이니 전날의 의결을 철회하길 바란다고 당부하였다.

김윤식이 칼스에게 전달한 문서는 조선 조정의 당당하고 적절한 정책을 담고 있기에 그 전문을 여기에 소개한다.

> 요즘 국내에서 듣는 바에 따르면 귀국이 거문도에 뜻을 두고 있다고 한다. 이 섬은 우리나라의 지방으로 타국이 점유할 수 없다. 만국공법에도 원래 이런 이

년 6월 25일(음력 5월 13일)의 부속 3, p. 1837;「附朝鮮外署復英使電報」,『全集』, 33, G11-03-008, p. 484.

21 『실록』, 중, p. 195;「同上件」,『영안』, 1, 문서번호 221, p. 134; F. O. 405/35/80, Plunkett to Granville, Tôkiô, June 5(Received July 10), Inclosure 3, The President of the Corean Foreign Office to Acting Consul-General Carles, Hanyang, May 20, 1885(4th moon, 7th day), AADM, pp. 535~536(F. O. 405/35/106, Inclosure 2, AADM, pp. 552~553과 동일);「照錄朝鮮統理衙門致英領事書」,『中日韓』, 4, 문서번호 1001, 1886년 6월 25일(음력 5월 13일)의 부속 4, p. 1837~1838.

나가사키에 체류하고 있던 애스턴은 이 문서를 외교 단절이나 전쟁 직전의 선언과 같다고 평가하였다. 이 문서의 원문을 보자.『영안』이나『통서』에는 오자가 있어 주의할 것.

"近從海內傳聞 知貴國有意於巨文一島 卽哈米茫也 此島係我國地方 他國不應占有 於萬國公法原無此理 且驚且疑 未便明言 日前派員前往該島 查看虛實 姑未回來 卽接貴領事所送照會 是係北京公使館所寄 送者也 細閱來意 始信前言之非謬 豈知如貴邦之敦於友誼 明於公法 而有此意外之擧耶 殊違所望 不勝 詑異[『英案』,『統署日記』는 託을 詑으로 誤記] 貴國若以友誼爲重 翻然改圖 亟去此島 豈惟弊邦 是幸 抑亦萬國之共欽誦 如其不然 弊邦義不當嘿(默)視 且聲明於同盟各國 廳其公論 此事不可遲延 故 玆先函明一切 請貴領事 立賜回音 無任盼望之至." (切切 盼望)

치는 없어 놀랍고 의심스러워 무어라 말하기 곤란하다. 일전에 관리를 이 섬에 보내 그 허실을 조사케 하였는데 아직 돌아오지 않았다.

그런데 귀 영사가 보낸 조회를 받았고 이것은 북경 공사관이 보낸 것이다. 그 뜻을 자세히 보니 비로소 위의 말이 틀리지 않았다는 것을 알게 되었다. 귀국과 같이 우의에 돈독하고 공법에 밝은 나라가 이런 의외의 일을 하리라고 어찌 알았겠는가? 기대에 너무 어긋나 이상함을 금할 수 없다. 귀국이 만일 우의를 중하게 여겨 깨달아 지난 계획을 고쳐 이 섬을 빨리 떠난다면 이 어찌 우리나라만의 행운이겠는가? 만국이 모두 찬양할 일이다.

그러나 만일 그렇지 않다면 우리나라는 의리로 보아 묵묵히 보고만 있을 수 없고 동맹한 각국에 성명(聲明)하여 그 공론을 들을 것이다. 이 일은 지연시킬 수 없어서 먼저 조회로 모든 것을 밝히니 귀 영사는 즉시 회신하기 바란다.

같은 날인 5월 20일 12시 김윤식은 칼스의 예방을 받고 회담하였다.[22] 김윤식은 거문도 점령이 국제법 위반이 아니냐고 힐문하였다. 칼스는, 영국은 점령하려는 것이 아니고 단지 보유하려는 것이라는 괴변을 늘어놓았다. 4월 24일자 오코너가 보낸 조회문에는 chan(借?)인데 조선이 점령으로 표현했다고 김윤식에게 말하였다. 김윤식은 이런 해명을 무시하고는 영국의 점령으로 조선이 곤란한 지경에 빠질 것이고 러시아나 다른 나라도 거문도나 다른 지역을 점령할 것이 아니냐고 따졌다. 열강에 회한을 발송하는 문제에 칼스가 반대하였으나 김윤식은 명확한 언급을 회피하였다.

---

22 『통서』, 1, p. 207; F. O. 405/35/80, Plunkett to Granville, Tôkiô, June 5(Received July 10), Inclosure 2, Carles to O'Conor, Hanyang, May 21, 1885, AADM, pp. 534~535(F. O. 405/35/106, Inclosure 1, AADM, pp. 551~552와 동일); BDFA, doc. no. 183, pp. 270~271.

2. 조선의 회한

거문도 문제는 칼스와 논쟁을 하는 차원에서 해결될 것이 아니었다. 김윤식은 드디어 이날 중국 총판(總辦), 미국 · 독일 · 일본 공사들에게 영국의 행동은 공법에 어긋난다는 강력한 회한(回翰)을 발송하였다. 그리고 김윤식은 이 회한에 거문도를 잠시 점령하겠다는 영국의 비밀 조회를 동봉하였다. 회한의 내용을 보자.

> 귀 공사는 영국의 소위(所爲)를 과연 어떻다고 봅니까? 비록 작은 섬이지만 관계되는 것이 긴요하고 중요해 쉽게 경솔히 남에게 임차할 수 없습니다. 대저 우리 동맹 각국은 반드시 공평한 논의를 갖고 있을 것이니 우리나라를 위해 마음과 힘을 다해 공의(公義)에 의해 국권을 보전케 하는 것이 어떻겠습니까? 오늘 우리 관청에서 영국 공관에 문서를 보내 의리에 따라 논박하고 다시 영국 정부와 북경 영국 공사관에 보낼 간단한 편지를 보내고 또 영국 영사에 부탁하여 전보로 빨리 전달토록 하였습니다. 만일 영국이 깨달아 생각을 돌린다면 그 나라가 가히 우의에 돈독한 것을 알 수 있으나 만일 그렇지 않으면 우리나라는 어떻게 스스로 대처해야 합니까? 오로지 귀 공사와 여러 제3국가들이 우리를 대신해 변법(辨法)해 우리가 스스로 가진 권리를 보존케 하면 행운일 뿐입니다.[23]

---

23 이 당당한 문서의 원문을 보자. "昨自北京英使館有照會 載有業准本國水師官將哈米芚 暫行居守等語 事出意外 實公法之所不許 本大臣 實深慨歎 貴公使視英國所爲 果何如耶 雖蕞爾小島 關係緊重 不可輕易借人 凡我國同盟各國 必有公平 之論 幸爲弊邦 盡心盡力使得據公義以全國權如何 今者敝署 致函於英館 據義論論辨 再有小牘 送英 國政府及北京英使館 均已託英領事打電速達 若英國政府翻然回意 則可以其篤於友誼 若不然 則弊邦當 如何自處 惟伏請貴公使及各與國公使 下示名教 以保自有之權." 『실록』, 중, p. 195; 『통서』, 1, p. 207; 「朝鮮統理衙門致中國總辦及各國公使函」, 『中日韓』, 4, 문서번호 1001, 1886년 6월 25일(음력 5월 13일)의 부속 6, p. 1838; 「論巨磨島」의 부속, 『李文』, 5, p. 427.

이런 훌륭한 내용을 담은 회한을 외국에 전달하는 과정에서 난맥상이 노출되었다. 20일 저녁 통서에서 만찬이 있었다. 이 자리에서 김윤식의 서한이 칼스에 전달되었다. 칼스는 바로 열어 보았다. 그러나 그 서한은 보통 서한보다 길며 여러 부속 문서들이 있고 4월 24일자 오코너 문서를 칼스가 한문으로 번역한 것부터 시작하고 있었다. 경악한 칼스는 서한을 스코트(Scott)에게 보여주었다. 이들 문서에는 칼스의 한문 번역, 이에 대한 김윤식의 답변, 그리고 김윤식이 이날 칼스에게 보낸 문서가 동봉돼 있다고 스코트는 말하였다. 이에 칼스가 겉봉을 보니 그 서한은 독일 영사 젬브쉬(Zembsch)에게 보낸 문서였다. 그 문서를 전달한 조선 사람이 말하길 젬브쉬가 마침 공관에 없었고 미국 공관에도 전달했노라고 말했다는 것이다. 문서의 양식으로 보아 모든 외교 대표들에게 전달된 것이 분명하다고 칼스는 오코너에게 보고하고 있다. 그리고 4월 24일자 오코너의 문서를 비밀에 부치기로 김윤식과 합의했는데도 이렇게 공개한 것에 불쾌하지만 이런 일은 이곳에서는 종종 있는 일이라고 덧붙이고 있다.[24]

3. 열강의 반응(1): 중국 · 일본 · 독일

중국과 독일은 21일에, 그리고 일본은 23일에 조선에 매우 우호적인 회신을 보냈다. 천수탕 총판은 딩루창이 묄렌도르프 일행을 대동하고 현지를 조사했으니 그가 리훙장에게 보고하고 리훙장이 중국 주재 영국 공

24 F. O. 405/35/80, Plunkett to Granville, Tôkiô, June 5, 1885(Received July 10), Inclosure 2, Carles to O'Conor, Hanyang, May 21, 1885(F. O. 405/35/106, Inclosure 1과 동일, AADM, pp. 551~552), AADM, pp. 534~535; BDFA, doc. no. 199, p. 279.

사에 조회하는 것을 기다려 이 문제의 시비를 가릴 수 있다고 전하였다. 그리고 이 문제는 서울 주재 영국 영사가 처리할 일은 아니라고 김윤식에게 회신하였다.[25]

딩루창은 조선을 떠나 5월 31일 톈진에 도착하였다. 딩루창이 가져온 모든 문서를 열람한 리훙장은 조선의 항의가 매우 시의적절하다고 판단하고 거문도에 오래 머물려는 영국도 열강의 공론에 부응하지 않을 수 없을 것이라고 판단하였다.[26]

곤도 마스키(近藤眞鋤) 서울 주재 일본 공사도 조선에 매우 우호적인 회신을 보냈다. 그것은 일본의 거문도 문제에 대한 정책으로 보아 당연한 일이다. 곤도는 다음과 같은 매우 자세하고 적절한 의견을 사견임을 전제로 5월 23일(음력 4월 10일) 조선 통서에 전달하였다.[27]

> 거문도 문제는 조선의 국권에 관계되는 매우 중대한 문제다. 그리고 영국 외상의 비밀 서한은 예측할 수 없는 일을 예방코자 한다고만 말하고 있는데 그 예방코자 하는 나라가 조선과 수호를 맺은 국가라면 관계되는 것이 실로 크다. 조선과 조약을 맺은 국가들 사이에 분쟁이 일어나 어떤 국가가 조선의 한 지방을 예측할 수 없는 일을 예방한다고 점거하는 것을 조선이 허용하면 이는 한 국가에게는 이익이 되고 다른 국가에게는 피해가 된다. 이는 국외(局外)의 나라가 서

---

25 『실록』, 중, p. 195; 「中國商務總辦陳樹棠覆函」, 『中日韓』, 4, 문서번호 1001, 1886년 6월 25일(음력 5월 13일)의 부속 7, p. 1838~1839; 「論巨磨島」,『李文』, 5, 譯署函稿, p. 427. 이 중요한 사안에 관해 『청안』은 문서를 잘못 편집하였다.

26 「論巨磨島」, 『李文』, 5, 譯署函稿, p. 426.

27 『실록』, 중, p. 194; 『일안』, 1, 문서번호 465, p. 229; 「日本代理公使近藤眞鋤覆函」, 『中日韓』, 4, 문서번호 1001, 1886년 6월 25일(음력 5월 13일)의 부속 10, p. 1841; 『李文』, 5, 譯署函稿, p. 428. 『실록』은 이 문서 편집에도 오류를 범하고 있다. 이 중요한 문서를 5월 13일(음력 3월 29일)에 개제하고 있어서 사용에 주의해야 한다. 중국 문서의 일자도 오류를 범하고 있다.

로 유지해주고 처리해 주는 도리에 어긋나게 될까 걱정이다. 그러나 [김윤식이] 영국 대신에게 허락할 수 없을 뿐 아니라 각국이 청한다 해도 결코 승인할 수 없다고 말한 것은 지당한 말이다. 영국의 이번 행동에 다른 나라들이 조선의 뜻이 어디 있는지 모르면 영국의 행동이 혹시 조선의 허락을 받아 일어난 것으로 의심할지 모른다. 오늘의 계책은 영국에게 알린 뜻을 다른 나라들에게도 알려 영국이 거문도를 점령한 것이 조선이 허락한 것이 아님을 알게 한다면 각국이 스스로 의심을 풀고 공론(公論)이 일 것이다.

독일 영사 젬브쉬는 김윤식의 회한에 개인적으로 매우 동정적이었다. 다만 본국 정부의 훈령을 기다린다고 하면서 다음과 같이 회신하였다.[28]

조선이 영국의 점령을 묵과할 수 없다는 것은 매우 이치에 맞는 일이다. 영국과 러시아가 이미 실화(失和)의 위험이 있고 조선은 이들 두 나라와 화평하게 지내는데 조선이 한 나라의 점령에 동의하면 다른 나라에게는 해로운 것이다. 이것은 공법에서 말하는 국외지국(局外之國)의 이치에 위배되는 것을 면치 못한다. 영국 문서를 자세히 살피면 거문도를 잠시 보유해 예측할 수 없는 사태에 대비한다고 한다. 영국이 조선의 땅을 점유하면 러시아만이 아니라 조선과 동맹을 맺은 각국이 그 부당한 것을 성명하는 것은 의리에 맞는 일이다. 그리고 조선이 거문도 점유를 동의하지 않는다고 성명함으로써 다른 나라들이 조선이 혹시 점령을 동의하지 않았나 하는 의심을 풀어야 한다. 또 전보(電報)는 간략하니 문서로 본국에 알려 심의토록 할 것이다.

28 『실록』, 중, p. 195; 「巨文島事件對策에關한意見具申」, 『덕안』, 1, 문서번호 117, pp. 58~60; 『통서』, 1, 208~209; 「德國總領事曾額德覆函」, 『中日韓』, 4, 문서번호 1001, 1886년 6월 25일(음력 5월 13일)의 부속 8, p. 1839~1840; 「論巨磨島」의 부속, 『李文』, 5, p. 427.

젬브쉬의 이런 적극적인 호응은 영국의 자유당 정부와 독일 정부의 소원했던 관계를 잘 나타내주고 있다. 젬브쉬의 호의적인 태도는 5월 23일 칼스와 회견할 때도 그대로 나타나 있다.[29] 이들의 회견을 보자.

칼스는 이날 아침 젬브쉬를 방문하였다. 칼스는 먼저 조선 정부가 젬브쉬에게 보낸 문서를 개봉한 것에 대해 유감을 표시하였다. 칼스가 조선 정부는 점령에 대해 너무 불안해하고 있다고 말하자 젬브쉬는 자신의 의견을 다음과 같이 개진하였다.

> 조선은 지금 매우 어려운 처지에 있다. 영국의 점령으로 러시아는 원하는 기회를 얻게 되었다. 따라서 조선은 자위상 영국의 점령에 항의할 수밖에 없다. 항의하지 않는다면 일본이나 러시아, 또 다른 나라들이 자신들의 몫을 취할 것이다. 특히 러시아는 영국의 점령을 전쟁할 이유(casus belli)라고 간주하고 다른 지역을 점령할지 모른다.

젬브쉬는 이어서 영국이 떠나면 조선은 러시아가 거문도를 점령하는 것을 저지할 수 없을 것이라고 말하고 영국이 철수하는 경우, 모든 국가들이 조선의 중립을 지킬 수 있도록 해야 한다고 말하였다. 그는 아직 훈령을 받지는 않았다고 하면서 점령이 가져올 부정적인 영향을 길게 설명하였다.

영국을 비난하는 젬브쉬의 이런 태도에 영국 외교관들은 매우 당황하였다. 중국 주재 오코너 공사는 브란트(M. von Brandt) 중국 주재 독일 공사에게 젬브쉬의 태도를 전하자 브란트는, 그는 그런 말을 할 자격이 없

---

29 F. O. 405/35/108, Carles to Granville, Hanyang, May 23, 1885(Received July 23), Inclosure 2, Memorandum of Conversation with Captain Zembsch, May 23, 1885, AADM, pp. 555~556; BDFA, Inclosure in doc. no. 200, pp. 280~281.

고 독일 정부도 그의 행동을 동의하지 않을 것이라고 해명하였다. 그러면서 브란트는 자신의 언급을 비밀에 부칠 것을 요구하였다. 그러나 중국 정부는 젬브쉬가 본국의 훈령을 받지 않았나 의심한다고 오코너는 보고하고 있다.[30]

4. 열강의 반응(2): 미국

거문도 사태 당시 미국 공사 푸트(L. H. Foote)는 물러났고 폴크(G. C. Foulk)가 대리공사로 있었다.[31] 폴크는 조선 개화파 인사들과 폭넓게 교유하였고 그 누구보다도 조선에 동정적인 인물이라고 알려져 있다. 그러나 거문도 문제에 관한 그의 태도는 영국의 입장을 대변하고 있어서 매우 실망스러운 것이었다.

폴크는 거문도 문제에 관해 5월 19일 긴 보고문을 본국 정부에 발송하였다.[32] 5월 11일 조선 정부가 4척의 영국 군함이 거문도에 정박했다는 소식을 공식 인정하자 폴크는 첫 번째로 통서를 방문하였다. 이때 통서 관리들은 영국에 대한 적대감으로 흥분하고 있었다. 며칠 후 김윤식이 폴크를 방문하였는데 이때에는 그의 태도는 어느 정도 누그러졌으나 거문도에 관한 그의 견해는 변함이 없었다.

폴크는 통서를 방문했을 때나 김윤식의 방문을 받았을 때나 조선이 자

---

30 F. O. 405/35/146, O'Conor to Granville June 17, 1885(Received Aug. 1), AADM, p. 593; BDFA, doc. no. 225, pp. 296~297.

31 1882년 조선과 수호조약을 체결한 직후부터 미국의 조선 경시 정책에 관해서는 김용구(2004), pp. 122~136, 234~239를 볼 것.

32 Foulk to Bayard, May 19, 1885. KAR, doc. no. 172, pp. 73~76.

국의 권리 유지에 경계하는 것은 당연하다고 언급하였다. 그러나 아직 영국의 의도를 정확히 알지 못하고 사건의 전모를 알기도 전에 영국에 대한 감정을 표출하는 것은 시기상조라고 역설하였다.

조선이 외부 세계에서 일어나는 사건들을 모르는 가운데 이렇게 반응하는 것은 묄렌도르프와 같은 세력이 있기 때문이라고 판단하였다. 묄렌도르프는 이미 수개월 이전에 폴크에게 자신이 러시아와 교섭한 바 있어서 러시아가 조선 영토 점령 의사가 없음을 알고 있고 영국의 거문도 점령은 러시아가 이 섬을 점령하는 데에 대한 예방 조치가 아니기 때문에 영국은 조선에 납득할 만한 설명을 해야 된다고 강조하였다.

폴크는 일본 대리공사, 독일 영사, 영국 부영사의 태도도 전하고 있다. 일본 대리공사는 영국의 '무장 점령' 문제로 폴크를 방문한 바 있는데, 그는 김윤식 의견에 동조하고 있었다. 폴크는 곤도 마스키를 격려하는 것이 바람직하지 않다고 생각하였다. 그리고 젬브쉬는 거의 발언할 것이 없다는 태도였다. 칼스는 통서의 분위기를 잘 모르고 이에 관해서는 누구도 그에게 알려주지 않았다. 그는 러시아와 '대 전쟁'(great war) 발발에 대한 예방이고 영구 점령이 아니라고만 역설하였다.

폴크의 이런 태도는 5월 23일 김윤식에게 보낸 회신에도 잘 나타나 있다.[33] 영국 군함이 거문도에 나타난 것은 조선 정부로서는 이를 주의해야 할 국가적 이유가 있는 것은 이해한다고 전제하고 있다. 그러나 거문도를

---

33 『실록』, 중, p. 195; 「同上要請對應과對策提示」, 『미안』, 1, 문서 번호 190, pp. 138~140. 『미안』은 5월 20일로 잘못 적고 있음; 「美國代理公使福覆論函」, 『中日韓』, 4, 문서번호 1001, 1886년 6월 25일(음력 5월 13일)의 부속 9, p. 1840~1841; 「論巨磨島」, 『李文』, 5, 譯署函稿, pp. 427~428. 5월 25일 폴크는 나가사키에서 전날 서울로 돌아온 팅루창을 만난다. 팅루창이 영국 해군은 러시아와의 분쟁이 해소되면 곧 거문도를 떠날 것이라고 하자 폴크는 자신의 견해와 같다고 크게 기뻐한다. Foulk to Bayard, 25 May, 1885, doc. no. 174, KAR, pp. 76~77; ADPP, 11, pp. 161~163.

영구히 점령하려는 것이 영국의 의도라는 적극적인 증거도 없으며 이 섬을 조차(租借)하려는 증거도 없다. 베이징 주재 영국 공사의 조회문을 보면 거문도 해역에 영국 군함이 잠정적으로 정박하려는 것은 긴급한 시기에 예방 조치일 뿐이지 조선에 대해 어떤 침략적인 의도가 명백하게 있는 것이 아니다. 그리고 이 조회문이 군함이 거문도에 간 시점과 동시에 발송된 점이나 조선에 대해 선의에 찬 문구로 작성된 점을 볼 때 영국은 조선에 대해 우호적인 의도를 갖고 있음을 알 수 있다. 영국의 가상 적국 수중에 거문도가 넘어가는 것을 조선이 저지할 힘이 없어서 영국이 취한 행동을 비난할 수는 없는 일이다. 이제 조선이 영국에게 거문도에 대한 희망을 전달하였으니 조선이 러시아에게도 조선의 영토를 점령하지 말라는 희망을 블라디보스토크 주재 군사령관에게 전달하는 것이 바람직하다.

폴크는 김윤식과의 접촉 내용을 칼스에게 전달하고 있다.[34] 폴크는 자신이 그 누구보다 조선에 친밀해 조선 사람들이 거문도 문제로 자신을 찾는다고 자랑하면서 영국의 논리로 김윤식을 설득했노라고 말하고 있다. 그리고 김윤식이 영국의 비밀문서를 처리한 방식이 부적절했다고 지적했음을 칼스에 말하고 있다. 두 사람은 열강이 얼마나 개입할 수 있는지 조선은 잘못 알고 있다고 개탄하였다.

5. 열강의 반응(3): 영국

조선의 항의 각서를 받은 칼스는 점령에 관한 표현이 오코너 공사의 문

34 F. O. 405/35/109, Carles to Granville, Hanyang, May 23, 1885(Received July 23), Inclosure, Memorandum of Conversation with Lieutenant Foulk, May 22, 1885, AADM, pp. 556~557.

서보다 강한 것이 특기할 만하고 점령의 잠정적인 성격에는 아무런 언급도 없다고 느꼈다.[35] 사실 그것은 당연한 일이다. 오코너의 문서는 책임을 회피하기 위해 모호하게 작성한 것이고 김윤식의 문서는 점령 사실을 정확하게 표현하고 잠정 점령이란 용어는 점령 국가들의 변명에 불과하기 때문이다.

5월 25일 오코너는 칼스에게서 두 개의 전보를 받고 그랜빌 외상에게 김윤식 조회의 핵심 내용을 전보로 런던에 알리면서 자신의 의견을 개진하였다. 칼스에게는 애스턴[36]이 이 달말 또는 6월 2일에 서울로 돌아가니 영국 정부는 그에게 훈령할 것이라고 조선 정부에게 말할 것, 한편 애스턴에게는 더 이상 조선과 교섭하지 말 것, 그러나 영국 정부는 조선과 합의에 이르길 희망할지 모른다고 암시할 것, 그렇지만 이런 합의는 조선이 국제적으로 항의를 하지 않고 침묵을 지킬 때 가능하다는 것을 넌지시 비칠 것, 그리고 현재로는 중국 정부를 통해 교섭할 것을 그랜빌 외상에게 건의하였다.[37] 외상은 오코너 의견에 전적으로 동의하였다.[38] 영국 정부

---

35 F. O. 405/35/79, Plunkett to Granville, Tôkiô, May 28, 1885(Received July 10), Inclosure 6, Carles to Plunkett, Hanyang, May 20, 1885, AADM, pp. 533~534.

36 애스턴은 일본 고베와 나가사키 주재 영사를 지내고 1884년 3월에 서울 주재 총영사로 부임하였다. 그는 당시 동북아시아 지역에 있던 영국 외교관 중에서는 도쿄 주재 사토(E. Satow) 서기관과 더불어 일본 연구의 대가일 뿐 아니라 조선 문제에도 정통하였다. 애스턴이 무불 탁정식(卓挺埴)으로부터 한국어를 배운 사정이나 초기 개화파 인사들과의 접촉에 관해서는 김용구(2001), p. 270 이하 참조. 애스턴은 1881년에 이르러서는 한국어를 유창하게 구사할 수 있었다고 사토는 쓰고 있다. Kornicki(1991), p. 70. 그런데 애스턴 총영사는 갑신정변이 일어난 1884년 12월 4일 추운 겨울밤의 찬 공기로 폐에 손상을 받아 사경을 헤매게 되었다. 그는 이날 밤 일본 호위병의 도움을 받아 집으로 돌아올 수 있었고 갑신정변 사후 처리를 위해 조선에 온 이노우에(井上馨) 일본 외무경의 도움으로 일본에 건너가 치료를 받을 수 있었다. 1886년 도쿄 주재 영국 공사관의 서기관으로 승진했으나 1889년에 건강 문제로 외교관에서 퇴임해 요양하지 않을 수 없게 된다. *ibid.*, p. 67. 하여간 그는 이미 작고한 파크스(H. Parkes) 중국 주재 영국 공사의 허가를 받아 5월 7일까지 고베에 머물고 있었는데 3주 동안 더 연장을 요청해 오코너는 동의하지 않을 수 없었다.

는 고베에 머물고 있던 애스턴의 영향력이 필요해 군함으로 곧 제물포로 돌아가게 하여 애스턴은 5월 28일 일본을 떠났다.[39]

오코너 공사는 이날 애스턴에게 전보를 보내 일반적인 지침을 전달하였다. 조선에 도착하면 조선이 항의를 더 이상 하지 못하도록 최선을 다할 것. 조선이 조용히 있고 다시 항의를 하지 않으면 영국은 잠정 점령에 관해 협상할 것이라고 암시토록 훈령하였다. 그리고 애스턴은 이런 영국의 입장을 하나의 양보라고 조선에 말하고 조선이 이에 동의하면 협상을 추진할 것이라고 조선에 제시하라고 지시하였다.[40]

6. 영국의 조선 경시 정책(1)

영국은 중국의 속방에 불과하다고 여긴 오지의 조선이 이렇게 항의하는 것을 맹랑하고 가소롭게 생각하였다. 그러면서도 이런 항의에 강대국인 영국이 어떻게 대처해야 되느냐에 고심하였다. 두 가지 방안을 고안하

---

37 F. O. 405/35/35, O'Conor to Granville, Peking, May 25, 1885, 4:15 pm(Received May 25, 10:30 pm), AADM, pp. 501~502; BDFA, doc. no. 148, p. 248; F. O. 405/35/112, O'Conor to Granville, Peking, May 25, 1885(Received July 23), Inclosure 3, O'Conor to Carles, Peking, May 25, 1885, AADM, p. 560. 같은 날 오코너가 그랜빌 외상에게 보낸 전보에서는 김윤식의 회답 문서 중 "borrow Port Hamilton as a temporary place of residence"라고 되어 있다. 힐리어(Hillier)가 'occupy'라는 말 대신에 'borrow'를 사용하였다. 그런데 그에 의하면 영문 문서에는 'borrow'라는 말이 없으나 'temporary occupation'과 의미가 비슷해 사용했다고 설명하였다. 점령의 어감을 불식시키기 위해서였다. 위의 F. O. 405/35/112 문서 참조.

38 F. O. 405/35/36, Granville to O'Conor, Foreign Office, May 27, 1885, AADM, p. 502.

39 F. O. 405/35/115, O'Conor to Granville, Peking, May 25, 1885(Received July 23), BDFA, doc. no. 206, p. 284; AADM, p. 562.

40 F. O. 405/35/116, O'Conor to Granville, Peking, May 25, 1885(Received July 23), Inclosure, Aston to O'Conor, Peking, May 25, 1885, telegram, AADM, p. 563.

였다. 하나는 조선을 상대하지 않고 중국 정부와 교섭한다는 조선 무시 정책이다. 다른 하나는 조선이 경제적으로 곤경에 처해 있으니 금전으로 해결한다는 방안이었다. 일시불로 매입하든지 또는 매년 임대료를 지불하는 방안을 고려하였다.

항의를 계속하는 조선을 무시하고 중국과 교섭하는 방안은 5월 26일 오코너 공사가 두 편의 보고서를 그랜빌 외상에게 보낸 문서에 잘 나타나 있다.[41] 그 내용은 이렇다. 조선이 열강에 항의하기 이전에는 조선과 협상할 수 있었으나 이제 그런 협상은 어려움만을 초래할 뿐이다. 영국에 호의적인 중국과 협상하는 것이 유리하다. 중국은 지난번 일본과 체결한 톈진조약으로 조선에 대한 지배가 약화되어 그것을 만회할 기회를 찾고 있어서 영국과 거문도 문제를 협상하는 데에 호의적이라고 오코너는 판단하였다.

6월 1일 오코너는 총서를 방문하였다. 총서의 관리들은 개인적으로는 거문도 점령을 반대하지 않으나 묵인하는 경우 다른 국가들도 조선에 진출할까 우려한다고 오코너는 판단하였다. 오코너는 조선이 열강에 항의하는데 중국은 왜 침묵하느냐고 힐문하였다. 서태후는 거문도 문제에 중국이 개입하지 말라는 유지를 내렸으나 리훙장은 지난 5월 29일 조선 국왕에게 더 이상의 항의는 하지 말라는 서한을 발송하였다.[42] 오코너는 드디어 리훙장에게 조선이 더 이상 항의하지 않게 한다는 약속을 받아

41 F. O. 405/35/117, O'Conor to Granville, Peking, May 26, 1885(Received July 23), Inclosure, O'Conor to Aston, Peking, May 26, 1885, AADM, pp. 563~564; BDFA, doc. no. 207, pp. 284~285; F. O. 405/35/118, O'Conor to Granville, Peking, May 26, 1885(Received July 23), AADM, pp. 564~565; BDFA, doc. no. 208, pp. 285~286.

42 F. O. 405/35/120, O'Conor to Granville. Peking, June 2, 1885(Received July 27), AADM, p. 566; F. O. 405/35/122, O'Conor to Granville, Peking, June 2, 1885(Received July 27), AADM, pp. 568~569; BDFA, doc. no. 210, p. 289.

내었다.[43]

영국은 조선을 무시하고 중국과 교섭한다는 입장을 견지하였다. 조선의 항의 문서에 대한 회답을 김윤식은 계속 요구하였으나 애스턴이나 오코너는 구차한 변명으로 영국의 회답 문서를 계속 지연시켰다. 조선에 회신을 보내는 것이 불필요한 문서 교환으로 이어질 것 같다고 판단하였다. 그러나 조선 조정이 계속 서면 회신을 요구하자 6월 30일 오코너는 김윤식에게 서한을 보내 영국이 회신을 하지 않는 이유는 자신의 4월 20일자 최초의 각서를 외국에 공개했기 때문이라며 그 책임을 조선 조정에 전가하고 6월 30일 서한의 전달 자체도 애스턴의 재량에 맡겼다.[44] 거문도 문제에 관한 협상은 톈진에서 이루어졌고 조선 당국은 당사국이면서 국외자로 전락하게 되었다.

---

43 F. O. 405/35/132, O'Conor to Granville, Peking, June 6, 1885(Received Aug. 1), AADM, pp. 578~579; BDFA, doc. no. 214, p. 290(AADM에 실린 부속문서들이 누락되었음). 그러나 리훙장은 태도를 수시로 변경하면서 지연 전술을 사용하였다. 영국이 조선에게 점령 승인을 강요하지 않는다면 조선이 더 이상 항의하지 않게 하겠다고 말하고 오코너의 요청으로 조선 국왕에게 서한을 보내겠다고 언급하였다. 임대나 매매 문제에 관해서도 원칙적으로 반대하지만 조선의 지방관과 합의하고 그 후 조선 정부가 추인하는 형식을 취하면 어떠냐고 질의하기까지 하였다. 또 조선이 거문도를 임대하도록 주선하겠노라는 말까지 하였다. F. O. 405/35/156, O'Conor to Salsbury, Peking, June 29, 1885(Received Aug. 24), AADM, p. 602; BDFA, doc. no. 234, pp. 302~303.

리훙장은 한때 조차 문제에 적극적이었다. 조선의 천수탕에게 다음의 내용을 담은 비밀 전보를 보내라고 7월 1일 뤼순(旅順)의 류한팡(劉含芳)에게 지시하였다. 영국은 거문도를 철수치 않을 것이다. 조선에 2만 양을 대여하고 거문도를 잠시 조차하려고 한다. 거문도 주민은 조선이 관리하고 양국이 밀약을 체결하면 영구히 조선에 해가 되지 않는다. 중국은 이에 관해 조선이 영국과 교섭할 것을 희망하니 비밀리에 조선 주재 영국 영사와 상의토록 하라. 「寄旅順劉含芳」, 1885년 7월 1일(음력 5월 19일), 『李文』, 6, 電稿, p. 162; 「寄旅順劉道」, 『全集』, 21, G11-05-058, p. 564.

44 F. O. 405/35/171, O'Conor to Salisbury, Peking, July 2, 1885(Received Sept. 7), Inclosure 1, O'Conor to the President of the Corean Foreign Office, Peking, June 30, 1885, AADM, pp. 617~618.

7. 거문도 임대(1)

거문도 문제를 금전으로 해결하려는 발상은 칼스, 애스턴, 그리고 플런켓에게서 나왔다.[45] 일시불로 하는 경우 5만 파운드 정도, 그리고 매년 임대료로 지불하는 경우에는 5천 파운드로 영국 외무성은 생각하였다.

키어넌 교수는 석 장의 외무성 편지지에 갈겨쓴 정치인들의 노트를 발견해 소개하였다. "6월 5일 각의"라고 표제가 붙어 있으나 어떤 노트들은 그 이전의 것들도 있다. 그랜빌 수상이 커리에게 임대가 최선인데 얼마가 좋으냐고 문의하였다. 이에 노드브루크 해군상은 "액수를 말하기 어려우나 우리는 분명히 이 하찮은 일에 신경을 쓸 필요는 없다. 이 섬은 새로운 가치도 없다. 예를 들면 매년 5천 파운드?"(5월 28일) 어떤 사람은 푸른 잉크로 부도덕하게 갈겨쓴다. "재무상이 동의했는가? 각의를 거치지 않고 할 수 있는가? 본인은 하원에서의 투표는 쉬운 일이 아니라고 매우 걱정한다. 각의에서는 자유스런 토의가 없었다는 것을 상기하자. 각의는 그 당시의 군사적 필요성에 따라 처리된다."(5월 31일) 그리고 오코너가 일시불보다 임대가 어떠냐고 문의하자 노드부르크는 1만 파운드, 또는 2만 파

45 F. O. 405/35/79, Plunkett to Granville, Tôkiô, May 28, 1885(Received July 10), Inclosure 5, Carles to O'Conor, Hanyang, May 19, 1885, AADM, p. 533; F. O. 405/35/37, Plunkett to Granville, Tôkiô, May 28, 1885, 6 pm(Received May 28, 6:15 pm), AADM, p. 502; BDFA, doc. no. 149, p. 248; F. O. 405/35/119, O'Conor to Granville, Peking, June 1, 1885(Received July 27), AADM, pp. 565~566; BDFA, doc. no. 209, p. 286; F. O. 405/35/123, O'Conor to Granville, Peking, June 3, 1885, Inclosure 1, 2, 3, O'Conor to Aston, May 30, June 2, June 2, AADM, pp. 569~571; F. O. 405/35/132, O'Conor to Granville, Peking, June 6, 1885(Received Aug. 1), AADM, pp. 578~579; BDFA, doc. no. 214, p. 290[BDFA에는 부속문서들이 없음]; F. O. 405/35/51, O'Conor to Granville, Peking, June 12, 1885, telegram(Received June 13), AADM. p. 507; BDFA, doc. no. 159, pp. 251~252.

운드까지도 줄 수 있다고 대꾸하였다. 그러나 내각이 1885년 6월 사퇴하게 되자 그는 "우리가 사퇴하지 않았다면 나는 매입했을 것이다." "이것은 본질의 변경이지 형식의 변경은 아니다. 영토를 획득하는 것은 우리의 지위로 보아서는 우리에게는 [……][해독 불가]일 것이다. 그러나 신임 투표 하에서 이를 성취할 수는 없었다"고 회상하였다. 이제 영국 외무성은 속임수의 길로 들어서게 되었다.[46]

영국 외무성은 해군성의 의견을 문의하지 않을 수 없었다. 해군성은 애스턴의 구상대로 금전 교섭을 진행하되 중국 정부를 통하는 것이 좋다는 견해를 전달하였다.[47] 이에 따라 외상은 오코너 공사에게 지난 5월 29일자 훈령에서 지적한 대로 연간 5천 파운드 임대료를 지불하는 교섭을 진행토록 전보로 훈령하였다.[48] 오코너는 임대료를 매년 지불하느니 일시불로 임대료를 지불하는 방안을 건의하고 그랜빌 외상의 액수 문의에 최고 5만 파운드를 제시하였다.[49] 그러나 외상은 추후 다른 훈령이 없는 한 일시불 교섭을 하지 말라고 지시하였다.[50]

6월 19일 애스턴은 이 문제를 타진하기 위해 통서에 나가 회담하였

---

46 Kiernan(1939), pp. 198~199.

47 F. O. 405/35/42, The Secretary to the Admiralty to Currie, Admiralty, June 1, 1885(Received June 2), AADM, p. 505.

48 F. O. 405/35/47, Granville to O'Conor, Foreign Office, June 5, 1885, 3:45 pm, AADM, p. 507; BDFA, doc. no. 155, p. 251.

49 F. O. 405/35/49, O'Conor to Granville, Peking, June 9, 1885, 5:45 pm(Received June 9, 7:55 pm), AADM, p. 507; BDFA, doc. no. 157, p. 251; F. O. 405/35/140, O'Conor to Granville, Peking, June 10, 1885(Received August 11), AADM, pp. 584~585; BDFA, doc. no. 220, pp. 293~294; F. O. 405/35/51, O'Conor to Granville, Peking, June 12, 1885, 3:36 pm(Received June 13), AADM. p. 507; BDFA, doc. no. 159, pp. 251~252; F. O. 405/35/143, O'Conor to Granville, Peking, June 12, 1885(Received August 11), AADM, p. 587; BDFA, doc. no. 222, p. 294.

50 F. O. 405/35/52, Granville to O'Conor, Foreign Office, June 13, 1885, 5:55 pm, AADM. p. 508; BDFA, doc. no. 160, p. 252.

다.[51] 이 회담에서 김윤식의 태도는 매우 조리가 있고 강경하였다. 묄렌도르프를 제외하고는 통서의 모든 사람들이 참석하였다. 애스턴은 이 자리에서 영국은 거문도를 잠정적으로 점령하고 있다며 그 일시적인 성격을 설명하고 거문도에 저탄소(貯炭所) 설치의 필요성을 역설하였다. 이에 대해 김윤식은 일본도 저탄소 설치를 영국에 허용했으나 개항장에서만 그 설치를 승인했다고 답변하였다. 그는 더 나아가 현재의 영국과 러시아의 관계로 보아 저탄소나 어떤 형태의 점령도 동의할 수 없다고 단언하였다.

애스턴은 조선에 유리한 협정 체결을 생각할 수는 없느냐고 질문하였다. 이에 김윤식은 조선에 유리하다는 것이 무슨 뜻인지 더 분명히 말하라고 추궁하였다. 애스턴은 여러 사람이 있는 곳에서 금전으로 해결하자는 말을 할 수 없어서 침묵을 지켰다.

김윤식은 거문도 점령은 국제적인 여론의 지탄을 받고 있으며 열강의 비난을 초래할 것이라고 하면서 어떤 타협도 있을 수 없으니 속히 철수하여 조선을 어려운 처지에서 벗어나게 해주길 희망한다고 말하였다. 애스턴은 이날 회담을 마치면서 조선 관리들은 친절하지만 강경하고, 비록 더 이상 국제적인 항의는 하지 않을 것이지만 영국이 제안한 금전적인 협정은 불가능하다고 판단하였다. 중국도 이런 임대 합의에는 조선 영토 보전의 약속이 있어야 한다고 주장해 임대나 매입 문제는 타결되지 못하였다.

러시아가 영흥만을 비롯한 조선의 영토를 탐한다는 소문이 다시 일어나고 묄렌도르프가 드디어 해임되자 거문도 매입 관련 교섭이 새롭게 진

51 F. O. 405/35/149, Aston to Granville, Hanyang, June 19, 1885(Received Aug. 15) Inclosure 1, Aston to O'Conor, Hanyang, June 19, 1885, AADM, pp. 595~596; BDFA, doc. no. 228, p. 298; F. O. 405/35/154, O'Conor to Salisbury, Peking, June 27, 1885(Received Aug. 24), AADM, p. 600; BDFA, doc. no. 232, p. 301.

전되었다. 6월 27일 솔스버리 외상은 오코너에게 임대 교섭 진행 상황을 문의하고 오코너는 조선의 통서와 중국의 총서의 분위기를 관망하였으나 이제 다시 재개하겠노라고 보고하였다.[52]

이날 오코너는 영국 정부의 사전 승인을 받지 않고 애스턴에게 임대 합의문 초안을 보내고 이런 교섭의 제안이 리훙장에게서 나왔다고 조선 관리들에게 말할 것을 지시하였다. 영국은 임대에 관한 합의문을 이미 마련했는데 그것은 3개조로 된 매우 개괄적인 내용이었다. 즉 1) 매년 임대료 지불 시기에 관한 것, 2) 거문도 점령은 거문도 주민의 권리를 저해하지 않는다는 것, 3) 거문도를 중국이나 조선의 영토에 대한 적대행위로 사용하지 않는다는 것이다.[53]

7월 1일 애스턴은 오코너의 지시로 김윤식을 만나 임대 교섭을 진행하였다. 그러나 김윤식의 태도는 임대 문제에 매우 강경하게 반대해 임대 합의문 초안을 교부하지도 못하였다. 임대를 권유하는 리훙장의 서한을 김윤식은 받았으나 중국의 압력은 효과적이지 못하다고 애스턴은 보고하였다.[54]

---

52 F. O. 405/35/157, 158, O'Conor to Salisbury, Peking, June 30, 1885(Recieved August 24), AADM, pp. 602~604; BDFA, doc. nos. 235, 236, pp. 303~304.

53 F. O. 405/35/159, O'Conor to Salisbury, Peking, June 30, 1885(Received August 24), AADM, pp. 604~606; BDFA, doc. no. 237, p. 304[부속문서 없음].

54 F. O. 405/35/163, Aston to Granville, Hanyang, July 10, 1885(Received Aug. 26), inclosure 3, Aston to O'Conor, Hanyang, July 10, 1885, AADM, pp. 614~615; BDFA, doc. no. 244, p. 311. 중국의 총서는 오코너의 합의문 초안에 입각한 임대 교섭을 원칙적으로 동의했지만 조선의 영토 보전을 요구하였다. 그리고 이를 빌미로 영국과 동맹을 체결하려고 하였다. F. O. 405/35/67, O'Conor to Salisbury, Peking, July 2, 1885, 7 pm(Received July 2), AADM. pp. 518~519; BDFA, doc. no. 173, p. 259.

제3장
조선의 항의(2)

1. 7월의 항의

김윤식은 영국의 거문도 철수를 다시 요구하고 애스턴이 제안한 거문도의 저탄소 설치도 반대한다는 입장을 명백히 하였다. 6월 25일 김윤식은 다카히라, 폴크, 천수탕, 젬브쉬에게 거문도 점령에 대한 항의와 중재를 요청하는 다음과 같은 내용의 조회문을 발송하였다.

묄렌도르프와 엄세영이 거문도 현지와 나가사키의 영국 제독을 만나 철수를 요청한 지 오래되었는데 영국 정부의 회신이 없었다. 그런데 지난 6월 19일(음력 5월 7일) 애스턴 영국 영사가 통서에 와서 말하길, 영국 정부가 베이징 공사관을 통해 보낸 문서에 이르면 영국은 거문도에 잠시 주둔하는 것이지 오래 있을 계획은 아니다. 다만 저탄소를 요할 뿐이고 다른 일은 없다고 적고 있다. 그러나 조선과 영국 조약 제8조에 보면 영국 해군 함정의 필요한 물자는 개항장에서만 공급될 수 있다. 석탄도 이에 준한다. 여러 국가들 사이에 일이 생기면 조선은 국외(局外)의 도리를 지킬 것이고 토지를 다른 사람에게 빌려주고 잠시라도 주둔하는 것을 승인하

지 않는다. 이런 일은 공법에 없으며 결코 행할 수 없는 일이다. 공론을 보여주기 바란다.[55]

조선 조정은 중국 · 일본 · 독일이 중재에 나서줄 것을 희망하였다. 6월 27일 이들 공관에게는 위 조회문을 다시 써서 중재해줄 것을 깊이 바란다고 덧붙였다.[56] 천수탕은 이 사건이 매우 중요해 이미 리훙장에게 보고하였다고 회신하고 다카히라와 젬브쉬는 본국 정부에 이미 보고했다고 답변하였다.[57] 폴크는 여전히 영국의 입장을 지지하였다. 영국의 거문도 점령은 조선 영토에 관해 조선이 러시아와 교섭이 있어서 일어난 일이니 조선과 러시아의 교섭을 즉각 중단할 것을 요구하고 있다.[58] 김윤식은 당시 서울에 체류하고 있던 스페이에르에게도 같은 중재 요청 서한을 발송하였다.[59] 그러나 김윤식과 스페이에르 회담 분위기로 보아 이런 문서를 스페이에르가 다비도프에게 전달이나 하였는지 의문이다.

러시아 정부는 조선이 항의한다는 사실을 알고 독일에 접근하였다. 이 문제와 관련해 7월 15일(러시아력 7월 3일) 기르스 외상은 독일 주재 러시아 대사 슈발로프(P. A. Shuvalov)에게 문서를 전달하였다. 러시아 주재 독

---

55 「巨文島事件에對한派員調査와英國政府解明의不當性」, 『일안』, 1, 문서번호 501, p. 242; 『미안』, 1, 문서번호 207, pp. 156~157; 『청안』, 1, 문서번호 413, pp. 262~263; 『덕안』, 1, 문서번호 147, p. 73; 『통서』, 1, 5월 13일(양력 6월 25일), p. 221.

56 「巨文島關係照會公文의改送」, 『일안』, 1, 문서번호 504, 506, pp. 243~244; 『덕안』, 1, 문서번호 147의 주, p. 73; 『청안』의 위 조회문 말미; 『통서』, 1, 5월 15일(양력 6월 27일), p. 223; F. O. 405/35/174, O'Conor to Salisbury, Pekiing, July 8, 1885(Received Sept. 7), Inclosure 2, Memorandum, Kim Yunsik to the Representatives of the Treaty Powers at Seoul, Foreign Office, Corea, June 27, 1885, AADM. p. 621; Foulk to Bayard, 26 June, 1885, doc. no. 187, KAR, pp. 78~79.

57 「巨文島事件에 對한 從中調停要望의 回答」, 『청안』, 1, 문서번호 413, pp. 262~263[이 문서는 잘못 편집되었음. 천수탕의 회답 요지는 최후 문장에 있음]; 『일안』, 1, 문서번호 507, p. 244; 『덕안』, 1, 문서번호 150, p. 74.

58 「英軍巨文島佔住에關한件」, 『미안』, 1, 문서번호 208, pp. 157~158.

59 「巨文島事件에關한照會傳達要請」, 『미안』, 1, 문서번호 11, pp. 4~5.

일 대사 쉬바이니츠(H. L. von Schweinitz) 장군이 기르스 러시아 외상에게 서울 정부가 조약을 체결한 열강에 조약 제1조에 근거해 거문도 점령에 항의했다는 사실을 비밀리에 통고하였다. 쉬바이니츠 장군은, 독일 정부는 열강의 행동에 러시아가 동참할 수 있는지 문의하였다. 기르스 외상은 조선과의 조약이 아직 비준되지 않아서 러시아는 다른 국가들과는 입장이 다르지만 조선과 인접한 국가로서 무관심할 수는 없고 조선의 영토 보전을 위한 열강의 행위에 동의하지 않을 수 없다고 대꾸하였다. 기르스 외상은 이런 사실을 슈발로프 대사에게 전달하면서 독일 정부에게 이 문제를 설명하고 독일 정부가 이와 관련해 어떤 결정을 했다면 그것을 알도록 훈령하였다. 그리고 영국 주재 독일 대사가 조선의 항의를 런던 정부에 전달하는 경우 러시아도 거문도 점령 종료를 위한 기회를 놓치지 말아야 한다고 훈령하였다. 조선과 러시아의 조약이 비준은 되지 않았어도 태평양 연안의 러시아 영토의 안전을 위해 열강과 공동 행동을 하는 것이 필요하다고 기르스는 강조하였다.[60]

기르스 외상은 이날 위 문서에 뒤이어 슈발로프 대사에게 비밀 서한을 발송하였다. 외상은 이 서한에서 스페이에르의 임무 수행 차질로 영국이 금전 거래로 거문도 문제를 타결하려는 경지에 이르게 된 사정을 설명하고 이 문제에 관하여 러시아와 독일이 연합하는 것이 효과가 있을 것이라고 확신한다는 의견을 전달하였다.[61]

---

60 Giers à Staal, L'occupation de Porte-Hamilton par Angleterre. Tentative russe d'une entente avec l'Allemagne à ce sujet, Saint-Pétersbourg, le 18 juillet 1885, doc. no. 127, annexe I, Copie d'une dépêche réservée de M. de Giers au comte Schouvalow, en date de Saint-Pétersbourg, le 3 juillet 1885, doc. no. 169, Meyendorff(1929), pp. 240~242.

61 *ibid.*, Annexe II, Copie d'une lettre très secrète de M. de Giers au comte Schouvalow, en date de Saint-Pétersbourg, le 3 juillet 1885, doc. no. 10, Meyendorff(1929), pp. 242~243.

슈발로프 대사는 기르스의 훈령에 따라 독일 외무성의 하츠펠트(P. Hatzfeldt)와 회담하였다. 조선 정부가 열강에 제의한 요청을 철회하여 이제 더 이상 어떠한 행동도 할 수 없다고 하츠펠트는 답변하였다. 비스마르크도 기르스의 부탁에 계속 침묵을 지켰다. 독일의 이런 입장을 슈발로프 대사는 7월 24일 본국 정부에 보고하여 러시아를 실망시켰다.[62]

한편 서울의 애스턴이 조선 통서가 다시 열강에 항의 공문을 발송할 계획임을 알게 된 것은 7월 3일 저녁이었다. 그는 7월 4일 오후에 통서를 방문해 거문도 문제로 회담하였다. 아직까지 영국 정부의 회신이 없는 것에 김윤식이 유감을 표시하자, 애스턴은 거문도를 점유한 것은 조선과 러시아가 도쿄에서 비밀 교섭이 있었기 때문이라고 답변하였다. 애스턴은 조선과 영국 두 나라가 선의로 교섭하면 되지 무슨 이유로 각국에 조회를 발송했는지 힐문하였다. 이에 김윤식은 두 달이 지나도 아무런 회답이 없는데 어찌 조선 정부가 아무런 말도 하지 않고 각국에 조정을 요청하지 않을 수 있겠느냐고 항변하였다. 애스턴은 베이징의 영국 공사관에게서 좋은 해결 방법이 하달되면 이에 따라 다시 교섭하자고 회유하였다. 그는 러시아가 군사 교사 문제 이외에도 조선 보호 약속과 조선 영토를 점유한다고 일본 신문들이 전하고 있다며 다시 러시아의 침략성을 강조하였다.[63]

---

62 *ibid.*, Annexe III, Copie d'une lettre très secrète du comte Schouvalow au Secrétaire d'Etat de Giers, en date de Berlin, le 12/24 juillet 1885, pp. 243~245. 독일의 이런 태도를 베이징 주재 포포프 공사가 이미 5월에 본국에 전보로 보고한 바 있다. 중국에 있는 독일 외교관들은 영국의 거문도 점령에 대해 아무런 불만도 갖고 있지 않으며 독일은 "이곳 [중국]에서 영국에 기울고 있다"고 포포프의 보고서는 지적하였다. 이런 보고에 황제 알렉산더 3세는 포포프 전보 난외(欄外)에 "아니, 그들이 우방인가"라고 적어놓았다. Telegramma Popova ot 14(2) maya 1885(1885년 5월 14일 Popov 전보), Narochnitskii(1956), p. 385.

63 「巨文島占據에 關한 外衙談草」, 『영안』, 1, 문서번호 239, pp. 140~142; F. O. 405/35/174, O'Conor to Salisbury, Peking, July 8, 1885(Received Sept. 7), Inclosure 1,

김윤식은 애스턴이 영국 정부가 선의로 조선과 교섭할 것이라는 말을 확신할 수 없어 다음날인 7월 5일 영국 공관을 방문해 이 문제를 다시 확인하였다. 애스턴은 영국 정부가 반드시 선의로 교섭할 것을 다짐하였다. 그렇지 않다면 그때에 가서 각국에 공문을 발송하라고까지 말하며 김윤식을 확신시켰다.[64] 7월 6일 애스턴은 김윤식에게 공문을 발송해 조선을 안심시키는 데에 기만에 찬 얘기를 반복하고 있다. 6월 19일자(음력 5월 7일) 오코너의 훈령을 영국 정부의 선의의 증거라고 제시하였다.[65] 이에 조선 조정은 7월 6일에 각국에 요청한 조정 의뢰를 철회하였다.[66]

Aston to O'Conor, July 4, 1885, AADM, pp. 619~621; F. O. 405/35/163, Aston to Granville, Hanyang, July 10, 1885(Received Aug. 26), Inclosure 1, Aston to O'Conor, Hanyang, July 10, 1885, AADM, pp. 610~613. 애스턴의 이 보고는 7월 4일, 5일, 9일에 있었던 김윤식과의 회담 내용임.

64 「巨文島占據에 關한 英館談草」, 『영안』, 1, 문서번호 240, pp. 142~143.

65 「英軍의 巨文島占據本旨再確認」, 『영안』, 1, 문서번호 242, p. 144; 『통서』, 1, 5월 24일(양력 7월 6일), p. 228.

66 『각국안』은 중재 철회 요청에 관한 날짜와 상황을 다르게 적고 있다. 조선 조정은 6월 27일 이미 보낸 조회문을 반송해줄 것을 중국 · 미국 · 영국 공관에 요청하였고 독일 · 일본 공관에는 7월 4일에 같은 요구를 한 것으로 되어 있다. 이때에도 제일 먼저 공문을 반송한 것은 미국의 폴크 공사였다. 「同上回答」, 『미안』, 1, 문서번호 210, pp. 158~159. 중국 공관은 말하길 독일은 묄렌도르프의 관여로 반송치 않았고 중국은 반송이 이익이 되지 않는다고 생각해 이 문제를 거론치 않기로 했다고 전하면서 애스턴은 체면을 살리기 위해 영국 정부의 선의를 말했노라고 김윤식에게 전하였다. 중국 공관은 또 영국이 선의로 교섭하자고 하니 그것을 믿고 기다리는 것이 좋다고 권유해 영국의 입장을 지지하였다. 「巨文島占據에 關한 頌三談草」, 『영안』, 1, 문서번호 241, 날짜 미상, pp. 143~144. 頌三은 總辦 천수탕의 차석인 봉판(幇辦) 譚賡堯의 號. 다카히라와 젬브쉬는 이미 본국 정부에 보고해 반환이 곤란하다고 회신하였다. 「巨文島事件照會公文의 返還希望」, 「巨文島公文의 返還不便」, 「巨文島事件調停의保留」, 『일안』, 1, 문서번호 512, 515, 516, pp. 246~247; 「巨文島事件照會公文의 返送希望」, 「同上回答」, 『덕안』, 1, 문서번호 158, 159, pp. 77~78; 『통서』, 1, 5월 15일, 16일, 22일(양력 6월 27일, 28일, 7월 4일), p. 223, 226.

2. 조선의 항의와 영국

조선 조정은 영국과 중국의 권유로 열강에게 조정을 부탁한 것을 철회하였으나[67] 베이징 주재 오코너 공사에게는 거문도 철수를 요청하는 공문을 7월 7일에 발송하였다. 김윤식은 이 문서에서 엄세영과 묄렌도르프를 거문도와 나가사키에 파견해 거문도 문제에 관한 영국 정부의 입장을 밝힐 것을 요청한 일, 6월 7일에야 잠시 주둔한다는 공문을 애스턴이 전해온 사실, 7월 6일에는 잠시 주둔하고 저탄소를 설치코자 하니 조선 정부는 안심하라는 조회문을 받았음을 상기시키고 있다. 그러나 거문도는 조선의 영토로 영국이 점유할 수는 없는 일인데도 영국의 그 어떤 외교관도 문서를 들고 와 설명한 자가 없다고 개탄하고 있다. 이제 점령한 지 3개월이 지났으니 신속히 철수할 것을 촉구하였다.[68]

김윤식이 다시 항의할 계획이라는 사실을 젬브쉬가 본국 정부에 전보로 알리자 영국 정부가 조선 조정의 움직임을 알게 되었다. 7월 10일 외상 솔스버리는 행동을 개시하였다. 오코너 공사에게 중국 정부와 조선의 영국 총영사를 통해 그런 항의를 하지 못하도록 최선을 다하라고 훈령하였다. 그리고 베이징 정부에게 중국의 승인 없는 이런 항의는 중국의 종주권을 무시하는 것이라고 말하고 영국 정부를 당혹케 하는 조선의 행동을 방치하면 그것은 비우호적인 행동이라고 경고할 것을 훈령하였다. 중국 정부가 호의적이면 영국은 중국의 종주권을 완전히 승인할 준비가 되

---

67 F. O. 405/35/176, O'Conor to Salisbury, Peking, July 12, 1885(Received Sept. 7), AADM, p. 622; F. O. 405/35/96, O'Conor to Salisbury, Peking, July 13, 1885. 4:35 pm(Received July 13), AADM, p. 548.

68 「巨文島의 英艦撤還督促」, 『영안』, 1, 문서번호 245, pp. 145~146; F. O. 405/35/163, Aston to Granville, Hanyang, July 10, 1885(Received Aug. 26), Inclosure 2, Kim Yun-sik to O'Conor, Foreign Office, Corea, July 7, 1885, AADM, pp. 613~614.

어 있으며 거문도 임대 지불도 중국을 통해 협정을 체결코자 한다고 언급하라고 지시하였다.[69] 조선의 항의는 영국 정부에게는 당혹스러운 것이라고 솔스버리는 영국 외무성을 찾은 매카트니에게 솔직히 전달하였다.[70]

솔스버리는 또 이날 영국 주재 독일 대사 뮌스터(G. H. Graf zu Münster)에게 한 통의 각서를 전달하였다.[71] 솔스버리는 이 각서에서 영국은 현재 중국 · 조선 정부와 거문도의 임대 문제로 교섭 중에 있다고 하면서 대외문제에 관한 한 조선 정부를 중국 정부와 떼어서 독립적인 존재로 취급될 수 없다는 조선 인식의 기본 틀을 전하였다. 즉 조선 정부의 어떠한 국제적인 항의도 그것이 국제적인 효력을 지니기 위해서는 반드시 중국 정부의 동의가 있어야 한다고 독일 정부에 명백히 전달하였다.

3. 영국의 조선 경시 정책(2)

조선 항의 조회 이후 영국은 조선 경시 정책과 금전으로 거문도 문제를 해결코자 하는 정책을 다시 확인하였다.[72]

7월 7일자 김윤식 조회에 대한 회신을 영국은 될수록 지연키로 하였다.[73] 7월 20일 오코너 공사는 중국 총서를 예방하여 조선의 항의 문제를

69 F. O. 405/35/82, Salisbury to O'Conor, Foreign Office, July 10, 1885, 5:45 pm, AADM, p. 538; F. O. 405/35/85, Salisbury to O'Conor, Foreign Office, July 10, 1885, AADM, p. 539; BDFA, doc. no. 185, p. 272.

70 F. O. 405/35/101, Salisbury to O'Conor, Foreign Office, July 14, 1885, AADM, p. 550.

71 F. O. 405/35/86, Salisbury to Münster, Foreign Office, July 10, 1885, AADM, p. 539.

72 F. O. 405/35/98, Salisbury to O'Conor, Foreign Office, July 13, 1885, AADM, p. 549; BDFA, doc. no. 195, p. 277.

73 F. O. 405/35/184, O'Conor to Salisbury, Peking, July 17, 1885(Received Sept. 21), AADM, pp. 627~628; BDFA, doc. no. 250, pp. 314~315.

추궁하였다. 총서의 대신들은 조선의 항의는 형식적인 것이라고 말하고 불가항력(force majeure)의 상황이 아니라 통상적인 상황에서 거문도 점령에 동의하면 러시아가 묵과하지 않을 것이라고 말하였다. 오코너는 형식적인 항의라도 영국으로서는 당황스럽다고 대꾸하였다.[74] 이런 배경에서 오코너는 7월 22일 김윤식에게 조회문을 보내 거문도 점령에 관한 영국의 선의를 장황하게 설명하고 영국 정부의 답변이 도착하려면 상당한 시간이 걸린다고 기만에 찬 설명을 부연하였다.[75]

8월 11일 애스턴은 김윤식과 회견하고 다음날 이 회견에 관한 각서를 작성해 오코너 공사에게 전달하였다. 김윤식은 전과는 달리 우호적인 태도를 보였고 영국이 조선의 영토 보전을 존중한다는 데에 안도하였다고 적고 있다. 김윤식은 애스턴에게는 사전에 예고도 없이 지난번 열강에 회한을 발송한 것에 유감을 표시하였다.[76]

조선의 회신 요구와 영국의 지연 사유 변명을 되풀이하는 양국의 공방은[77] 8월 24일 조선 조정이 오코너의 회신을 받을 때까지 계속되었다. 8월 22일 애스턴은 오코너의 공문을 받고[78] 이를 번역해 24일 김윤식에게

---

74 F. O. 405/35/187, O'Conor to Salisbury, Peking, July 22, 1885(Received Sept. 21), AADM, pp. 629~631.

75 「巨文島占據에 關한 經過의 解明과 本國覆文到着暫待要請」, 『영안』, 1, 문서번호 248, pp. 147~148; O'Conor to the President of the Corean Foreign Office, July 22, 1885, Inclosure in doc. no. 187, AADM, pp. 631~633.

76 F. O. 405/35/196, O'Conor to Salisbury, Peking, August 25, 1885(Received Oct. 20), Inclosure 1, Aston to O'Conor, Hanyang, August 12, 1885, Inclosure 2, Memorandum by Consul-General Aston of Conversation with the President of the Corean Foreign Office, August 12, 1885; AADM, pp. 636~637.

77 「巨文島問題回答促求事」, [양력 8월 5일], 『영안』, 1, 문서번호 255, p. 154, 『통서』, 1, p. 237; 「同上件遲延事由回答」, [양력 8월 6일], 『영안』, 1, 문서번호 256, p. 154, 『통서』, 1, p. 238, 239; 「巨文島問題回答催促事」, [양력 8월 17일], 『영안』, 1, 문서번호 263, p. 156~157, 『통서』, 1, p. 242.

78 「歐大臣密文의接受및面遞日期通告」, [양력 8월 22일], 『영안』, 1, 문서번호 269, p. 164,

전달하기 위해 그와 회견하였다. 한문으로 된 오코너의 공문 내용은 다음과 같다.

> 거문도를 잠시 이용한 것은 시세에 따른 것이어서 다시 상의해야 한다. 조선의 판도(版圖)는 본래 완전해야 하는데 형세가 급하여 잠시 거수(居守)한 것이니 본시 조선에 장애가 없는 일이다. 본국 정부에 문서를 보내는 데에 시일이 걸렸으니 회신이 오는 대로 양국이 다시 상의하길 바란다.[79]

애스턴의 보고에 의하면 김윤식의 태도는 전과는 달리 매우 우호적이었으며 영국 정부의 태도에 만족해 다시는 항의하지 않겠다고 말했다는 것이다. 그리고 이런 태도 변화는 중국의 영향이라고 판단하였다. 그런데 김윤식은 영토 보전에 관한 오코너의 회신 내용으로 보아 거문도를 철수할 것이냐고 질의하였다. 이런 질문에는 영토 보전은 조선의 다른 지역과 조선 자체를 지칭하는 것이라고 답변하라는 훈령을 애스턴은 미리 받은 바 있다.[80]

7월 7일 조선의 항의에 영국이 무시하는 정책으로 일관한 것은 전술한 바 있다. 그런데 10월 러시아 공사 베베르가 서울에 도착하자 조선은 다시 영국에 거문도 철수를 요청하게 되었다. 7월 7일자 김윤식의 공문에 대한 공식적인 회신을 다시 요구하고 나섰다.

10월 20일 저녁 김윤식은 영국의 신임 총영사 베이버(E. C. Baber)[81]를

「同上准答」, [양력 8월 22일], 『영안』, 1, 문서번호 270, p. 164; 『통서』, 1, p. 244.

79 『통서』, (음력 7월 15일, 양력 8월 24일) 1, p. 245. 오코너 공문은 『영안』에는 누락되어 있다.

80 F. O. 405/35/198, O'Conor to Salisbury, Peking, September 8, 1885(Received Nov. 3), Inclosure 1, Aston to O'Conor, Hanyang, August 25, 1885, AADM, p. 639.

81 영국의 동북아시아 정책 수행에 대해 이처럼 중요한 시기에 영국 외무성은 서울 주재 총영사의 인사이동을 단행하였다. 베이징 공사관의 베이버(E. C. Baber, 조선 재임기간: 1885년 10

방문해 7월 7일자 자신의 조회문에 회신이 도착했는지 문의하라고 국왕이 보냈노라고 말하고 조속한 회답을 요구하였다. 베이버는 러시아 공사의 항의로 조선은 곤란한 처지에 있으며 러시아 공사는 톈진에 있는 묄렌도르프와 상의해 조선 조정을 부추긴다고 판단하였다. 오코너는 베이버에게 유럽의 긴급한 정치 문제로 조선에 대한 회신이 지연되고 있다고 말하라고 지시하였다.[82]

영국은 유럽의 정치적 상황 때문에, 또는 베이징을 연결하는 전선이 고장이 났다는 구차한 변명[83]으로 김윤식의 7월 7일자 공문에 대한 회신을 연기하였다. 이에 김윤식은 음력으로 해가 바뀌기 이전에 회신이 오길 바란다고 촉구하였다.[84] 오코너는 베이버가 김윤식과 며칠 후 가질 회견 때까지는 회신을 하지 않을 것이라고 로즈버리 외상에게 전하고 있다.[85]

월 23일~1886년 11월 24일)가 서울 총영사 대리가 되었다. 베이징 공사관 직원들은 노예처럼 일하는데 그는 하루 종일 한 글자도 쓰지 않고 빈둥거리는 귀찮은 존재였다. 서울에 오자 그는 곧 위안스카이(袁世凱)와 친밀하게 되었고 난로 옆에 앉아 끝없이 담배를 피우며 잡담하는 것으로 소일하였다. 그는 곧 병에 걸렸다. 정신질환으로 밤에 권총을 들고 도둑을 잡는다고 밤새 거리를 걸어다닐 정도였다. 공식 기록에 사실이 아닌 것들을 적어 다른 사람들을 비방하고 호랑이 가죽과 도자기에 전보와 각서들을 쓰기도 하였다. 이른바 제2차 한아밀약 사건은 그가 조작한 것이기도 하다. Coates(1988), pp. 299~300; Ch'en(1972), pp. 21~22.

82 F. O. 405/35/212, O'Conor to Salisbury, Peking, Nov. 8, 1885(Received Dec. 28), AADM, pp. 649~650, Inclosure 1 Baber to O'Conor, Hanyang, October, 23, 1885, p. 650.

83 「巨文島問題稟電의 發送通報」, 문서번호 325, 1886년 1월 17일(음력 1885년 12월 13일), 『영안』, 1, pp. 183~184.

84 「同上件의 北京回電有否探問 및 新年移越不可言明」, 문서번호 326, 1886년 1월 20일(음력 1885년 12월 16일), 『영안』, 1, p. 184; F. O. 405/36/20, O'Conor to Salisbury, Peking, Jan. 21, 1886(Received Mar. 27), AADM, p. 666; BDFA, doc. no. 271, p. 327.

85 「巨文島問題의 年內妥結催促」, 문서번호 332, 1886년 1월 27일(음력 1885년 12월 23일), 『영안』, 1, p. 185; F. O. 405/36/25, O'Conor to Rosebery, Feb. 18, 1886(Received Apr. 19), AADM, pp. 668~669; BDFA. doc. no. 273, pp. 328~329. BDFA는 김윤식의 공문만을 영역해 싣고 있다. 영국 문서는 김윤식의 공문 발송 날짜를 1886년 1월 23일로 적고 있다.

오코너는 조선에 회답을 할 경우에도 우호적인 말로 분석한 형식적인 내용이면 된다는 베이버 의견에[86] 찬동해 1886년 2월 28일 김윤식에게 장차 좋은 방안을 강구하겠다는 무의미한 서한을 발송하였다.[87] 김윤식은 물론 이런 영국의 문서에 만족치 않고 확고한 회답을 3월 7일 다시 요구하고 있다.[88]

김윤식의 상배(喪配)로 통서 독판 서리를 맡고 있던 서상우(徐相雨)는 6월 28일[89]과 7월 4일[90] 거문도 문제의 신속한 타결을 촉구하였다. 7월 4일자 서상우 서한의 내용은 영국의 거문도 점령은 세 가지 무리(無理)와 네 가지 명백하지 않은 점이 있다고 통박하였다. 세 가지 무리란 1) 문서로 선포하지 않고 조선의 허락을 갖추지 못한 것, 2) 긴급한 일이 분명히 없는데 점령하였으니 공법을 어겼다는 것, 3) 강대국이 이전의 조약을 잊고 해도(海島)를 강점해 구차하게 머물고 있는 것이라고 설명하였다. 또 네 가지 알 수 없는 점은 1) 먼저 점령하고 후에 조차하려고 한 점, 2) 잠시라고 하나 이미 1년 이상이 지난 점, 3) 다른 뜻이 있는 것이 아닌가 하는 점, 4) 같이 이익을 도모할 수 없다는 점이라고 서상우는 말하고 있다. 그러나 판에 박힌 답변만 들었을 뿐이다.

새로 부임한 베이징 주재 영국 공사 월섬(J. Walsham)은 1886년 7월 30

86 F. O. 405/36/27, O'Conor to Rosebery, Peking, Mar. 6, 1886(Received May 3), AADM, pp. 670~671; BDFA, doc. no. 274, p. 329, pp. 330~331.

87 「巨文島問題의 妥協辦法講求示唆」, 문서번호 336, 『영안』, 1, P. 188; O'Conor to Kim Yun-sik, Inclosure in doc. no. 27, O'Conor to Rosebery, Mar. 6, 1886, AADM, p. 671.

88 「巨文島問題의 回答催促」, 『영안』 1, 문서번호 337, p. 188.

89 「巨文島問題의 妥結催促」, 『영안』 1, 문서번호 350, p. 192.

90 「巨文島問題의 無理 및 納得不能點指摘과 急速妥結催促」, 『영안』 1, 문서번호 352, pp. 192~193; 『통서』 1, p. 394.; F. O. 405/36/84, Walsham to Rosebery, Peking, Aug. 5, 1886(Received Oct. 1), Inclosure 1, Sö Syang-you to Walsham, Foreign Office, Corea, July 4, 1886, Inclosure 4, Walsham to Sö Syang-you, Peking, Aug. 5, 1885, AADM, pp. 703~704, 706~707.

일 저녁 서상우의 문서를 접수하고 접수만 인정한다는 태도를 견지하였다.[91] 그리고 8월 5일에 월섬은 거문도 문제에 확고한 입장을 취할 것을 다음과 같이 로즈버리 외상에게 건의하였다.[92] 즉, 조선이 항의를 다시 한 것은 베베르의 사주에 의한 것이지만 중국이나 조선은 영국의 계속적인 거문도 점령을 크게 중요하게 여기지 않고 있다. 조선은 우리가 지금까지 해온 대답에 만족하지 않고 있어서 영국은 이제 확고한 정책을 취해야 한다. 영국이 점령을 영구히 한다고 결정하면 본인은 공개적으로 주장을 할 수 있으나 지금과 같이 잠정적이고 조선의 영토 보전을 해치지 않는다는 것은 구차한 논리에 지나지 않는다. 공개적으로 거문도 점령을 천명하면 러시아도 조선의 일정한 지역을 점령할 것이지만 현재와 같이 잠정 점령을 계속한다고 하여도 같은 결과를 초래할 것이니 당당한 태도를 견지하자는 것이었다. 월섬은 거문도를 철수한 이후의 해결책으로 원산과 거문도 두 지역을 개항장으로 하는 간단한 방법밖에는 없으며 이제 거문도를 매입하거나 조차하려는 시도는 불가능하다고 건의하였다.

4. 거문도 임대(2)

거문도를 조차하거나 임대한다는 구상은 조선 조정이 1885년 7월초 거문도 철수를 요청하자 영국은 다시 추진하였다. 그리고 영국 정부는 임대 교섭을 하면서 조선의 영토 보전을 약속할 수 있다고 오코너 공사에게 훈

91 F. O. 405/36/52, Walsham to Rosebery, Peking, July 31, 1886, 2:55 pm(Received July 31, 3:35 pm), AADM, p. 689.

92 F. O. 405/36/84, Walsham to Rosebery, Peking, Aug. 5, 1886(Received Oct. 1), AADM, pp. 701~707; BDFA, doc. no. 300, pp. 347~350.

령하였다.[93]

8월 26일 애스턴은 김윤식에게 조회문을 발송해 조선 조정이 이화양행(怡和洋行, Messieurs Jardine Matheson & Co.)에 변제해야 할 채무액의 지불을 재촉하고 나섰다. 이화양행 소속 난징호(南陞號, the *Nanzing*) 운임 채무액 중 반액인 8,376양(兩), 광무(鑛務)에서 발생한 손실액 중 반액인 7,126양 8전(錢)을 속히 상환할 것을 요청하였다.[94] 재정 상태가 열악한 조선 조정에 채무 상황을 강요해 이를 빌미로 거문도 매입 문제를 타결하려고 하였던 것이다.

애스턴의 거문도 매입 교섭은 계속되었다. 그는 9월 25일 김윤식을 만나 이화양행에 대한 변제를 다시 요구하였다. 이에 김윤식은 50만 달러를 차관할 수 있냐고 질의하였다. 이 금액이 거문도 매매를 의미하는 것이냐는 애스턴의 반문에 김윤식은 부인하지는 않았다고 애스턴은 오코너에 보고하였다.[95]

10월 4일 오코너는 다음과 같은 내용의 애스턴 비밀 전보를 솔스버리 외상에게 타전하였다. "거문도를 50만 달러 정액으로 매입할 수 있을 것임. 이 돈은 Jardine and Co.[이화양행]에 예치하고 이 회사가 조선 정부에 (외형상?) 차관으로 지불할 수 있음. 비밀 불가결." 애스턴은 이 액수가 합의할 수 있는 최저 금액인지는 분명하지 않으나 조선이 교섭할 의향을 보여준 것은 분명하다고 판단하였다.[96] 같은 날 오코너는 거문도 매매

93 F. O. 405/35/76, 77, Salisbury to O'Conor, Foreign Office, July 7, 1885, 4:50 pm, AADM. pp. 524~525.

94 「怡和洋行의 船鑛虧欠辦理督促事」, 1885년 8월 26일(음력 7월 17일), 『영안』, 1, 문서번호 273, pp. 165~166.

95 F. O. 405/35/204, O'Conor to Salisbury, Peking, Oct. 14, 1885(Received Nov. 30), Inclosure 1, Aston to O'Conor, Hanyang, Sept. 30, 1885, AADM, pp. 646~647; BDFA, doc. no. 257, p. 318.

96 F. O. 405/35/191, O'Conor to Salisbury, Peking, October 4, 1885, 1:3 pm(Received

를 조선 조정이 제안하였다고 보고하였다.[97]

거문도 매매가 현실로 다가오자 영국 외무성은 해군성의 의견을 질의하였다. 매매나 임대가 과연 거문도에 관해 만족할 만한 권원(權原, title)을 부여하는지, 그리고 점령 기간 동안 매년 임대료를 지불하는 것을 해군성은 선호하는지에 대한 의견을 요청하였다.[98] 이에 대해 해군성은 만족할 만한 권원을 부여하지 못하고 일시불보다는 매년 임대료를 지불하는 것이 좋다는 의견을 외무성에 전달하였고 외무성은 이를 영국 정부의 안(案)이라고 오코너 공사에게 지시하였다.[99]

그러나 다음 장에서 보는 바같이 1885년 9월 중국해 사령관으로 새로 부임한 해밀턴(R. V. Hamilton) 제독이 거문도 철수를 주장하는 12월의 보고서를 해군성이 채택하면서 외무성의 임대 구상은 무산된다.

Oct. 4, 4:2 pm), AADM, p. 634.

97 F. O. 405/35/202, O'Conor to Salisbury, Peking, October 4, 1885(Received Nov. 30), AADM. p. 645.

98 F. O. 405/35/192, Currie to the Secretary to the Admiralty, Foreign Office, October 6, 1885, AADM, pp. 634~635; BDFA, doc. no. 253, pp. 316~317.

99 F. O. 405/35/193, The Secretary to the Admiralty to Currie, Admiralty, October 10, 1885(Received Oct. 10), AADM, p. 635; BDFA, doc. no. 254, p. 317; F. O. 405/35/194, Salisbury to O'Conor, Foreign Office, October 13, 1885, AADM. doc. no. 194, 635; BDFA, doc. no. 255, p. 317. 해군성은 처음에는 일시불이 좋다는 의견을 외무성에 제시한 바 있다. F. O. 405/35/97, The Secretary to the Admiralty to Pauncefote, July 13, 1885(Received July 10), AADM, pp. 548~549; BDFA. doc. no. 194, p. 277. F. O. 405/36/6, The Secretary to the Admiralty to Currie, Admiralty, Jan. 25, 1886(Received Jan. 26), AADM, pp. 659~660.

제4장
거문도 철수

1. 거문도 무용론

거문도 점령을 제창한 노드브루크 해군상도 이미 1885년 5월 20일자 각서[100]에서 아프가니스탄 국경 분쟁이 해결된 이후에도 거문도를 계속 보유해야 할지는 논의할 사항이라고 지적하였다. 그리고 윌리스,[101] 도웰,[102] 해밀턴[103] 등의 전임 · 현임 중국해 사령관들, 그리고 맥클리어 함장[104]과 같은 일선 해군 지휘관들도 일찍부터 거문도의 군사적 가치를 의

100 제2부 제1장 참조.

101 F. O. 405/36/2, The Secretary to the Admiralty to Currie, Admiralty, Jan. 20, 1886(Received Jan. 21), AADM, p. 652; BDFA, doc. no. 263. pp. 322~323.

102 F. O. 405/36/2 Inclosure 2, Dowell to the Secretary to the Admiralty, May 28, 1885, "Audacious" at Hong Kong, AADM, pp. 653~654; BDFA, doc. no. 263. 도웰 사령관은 5월 18일, 20일에도 같은 의견을 해군성에 보고하였다.

103 F. O. 405/36/2, Inclosure 1, Hamilton to the Secretary to the Admiralty, "Audacious" at Hong Kong, Dec. 7, 1885, AADM, pp. 652~653(p. 653 중간 부분에 1페이지 정도 분량이 누락되어 있으니 주의할 것); BDFA, doc. no. 263, pp. 320~322.

104 F. O. 405/36/2, Inclosure 3, Memorandum by Captain Maclear on the Defence of Port Hamilton, May 19, 1885, AADM, p. 655; BDFA, doc. no. 264, pp. 323~324. AADM은

심하고 보유를 계속하는 데에 반대하기 시작하였다.

장기 점령에 대한 부정적인 의견은 일선 외교관들에서도 나오기 시작하였다. 플런켓 일본 주재 영국 공사가 1885년 5월 25일 그랜빌 외상에게 거문도 문제에 관해 다음과 같은 종합적인 의견을 전달하였다.[105] 영국의 잠정 점령에 관해 국가들에 따라 견해가 다르며 계속 점유하는 것이 과연 영국의 이익에 부합하는지에 관해서도 여러 견해가 있다. 일반적인 의견은 거문도 보유가 유럽 열강, 특히 러시아에게 변명할 만큼 가치가 없으며 거문도는 그 자체로 유지하기에는 너무 작은 섬으로서 본토로부터의 지원이 필요하고 방어를 위해서는 경비가 필요한데 이런 경비라면 홍콩과 싱가포르를 강화하는 것이 더 바람직하다. 그리고 거문도 방어를 위해 함대를 이곳에 주둔하는 것은 영국의 동양 함대 전략을 약화시킨다. 그러나 기왕에 보유했으니 계속 점유하는 것이 정치적으로나 무역적인 입장에서 유리하다고 플런켓은 결론을 내리고 있다. 다시 말하자면 거문도를 무역 거점으로 사용하고 영국이 보유하는 '자유 항구'로 만들자는 것이다. 영국이 지금 철수하면 러시아 · 중국, 그리고 조선의 압력으로 떠났다고 여길 것이라고 판단하였던 것이다.

커리는 이런 플런켓 의견에 관해 7월 4일 통상 추밀원(Committee of Privy Council for Trade)의 의견을 물었다.[106] 통상 추밀원은 군사나 국제정치 문제는 자신의 소관이 아니기에 거문도 문제의 경제적인 측면만 언급

맥클리어 각서와 1885년 12월 7일자 해밀턴 사령관의 보고문을 혼동해 개제하고 있으니 인용에 주의할 것. 그러나 AADM(pp. 657~658)은 BDFA가 게재하지 않은 챔피온호(the *Champion*) 함장 포우렛호(Powlett, the *Agamemnon*) 롱(Long) 함장의 거문도 방어의 어려움에 관한 보고문이 수록되어 있다.

105 F. O. 405/35/66, Plunkett to Granville, Tôkiô, May 25(Received June 30), 1885, AADM, pp. 517~518; BDFA, doc. no. 172, pp. 258~259.

106 F. O. 405/35/69, Currie to Farrer, Foreign Office, July 4, 1885 AADM, p. 520.

하였다. 결론은 거문도를 자유항이나 화물 집하장으로 사용하자는 플런켓의 의견에 반대하였다. 다만 저탄소로는 가능하다는 의견을 제시하였다.[107]

2. 영국의 외무성과 해군성

영국 해군성은 1885년 9월에 새로 중국해 사령관으로 부임한 해밀턴 제독에게 거문도를 점령하는 것이 해전(海戰)이 실제로 야기되었을 경우에 어떤 강점과 약점이 있는지 검토할 것을 특별히 지시하였다. 이런 지시 사항을 해군성은 10월 10일 커리에게도 알려주었다.[108]

해밀턴 제독은 1885년 12월 7일 다음과 같은 의견을 해군성에 제출하였다.[109] 1) 9월 15일자 지시에 따라 거문도 점령 문제를 심사숙고한 끝에 5월 28일자 도웰의 결론과 같게 되었음. 거문도는 입구가 세 방향이어서 방어에 난점이 있음. 2) 전쟁성(War Office)에서 제의한 요새 구축이 바람직하지 않다는 6월 19일자 도웰 의견에 동의함. 3) 거문도 방어에 전략상 문제점 있음. 4) 현재 거문도에는 군함 6척이 있는데 그 중 3척은 항상 거문도에 정박해 있어야 하기 때문에 홍콩과 싱가포르 방어에 문제가 있음.

107 F. O. 405/35/78, Farrer to Pauncefote, Office of Committee of Privy Council for Trade, July 9, 1885(Received July 9), AADM, pp. 525~530; BDFA, doc. no. 180, pp. 265~269.

108 F. O. 405/35/193, The Secretary to the Admiralty to Currie, Admiralty, October 10, 1885(Received Oct. 10), AADM, p. 635; BDFA, doc. no. 254 p. 317.

109 F. O. 405/36/2, The Secretary to the Admiralty to Currie, Admiralty, Jan. 20, 1886(Received Jan. 21), Inclosure 1, Hamilton to the Secretary to the Admiralty, "Audacius" at Hong Kong, Dec. 7, 1885, AADM, pp. 652~658; BDFA, doc. no. 261. p. 320. [AADM은 1페이지 가량 누락되었음]

5) 거문도가 일급 요새로 되기에는 수년의 시간이 소요됨. 6) 10년 전에 라이더(A. P. Ryder), 새드웰(C. F. A. Shadwell), 파크스(H. Parkes)가 주장한 논의의 많은 근거는 이제는 존재하지 않음. 조선인은 이제 문명국의 범주를 벗어난 야만인으로 간주할 수 없음. 7) 우리 군함은 이제 신속한 수준임. 지난 9월 수송을 의뢰 받은 글레노글호(the *Glenogle*)는 홍콩에서 거문도까지 3일 9시간밖에 걸리지 않았음. 8) 이제 대만을 프랑스가 작전기지로 사용하여도 두려울 것이 없음. 9) 중국 무역에 대한 블라디보스토크의 가치는 과대평가된 것임. 블라디보스토크 항구를 점령하는 것은 좋은 정책이 아님. 10) 5월 25일자 나의 선임자 의견에 동의함. 11) 지난 5월 25일자 플런켓 공사의 군사적 견해에 동의함. 다만 그는 정치적 · 상업적 관점에서는 거문도 보유를 찬성하고 있으나 본인은 찬성치 않음. 12) 거문도를 2~3년간 더 보유한다면 어센션 도서(Island of Ascension)와 같이 군대를 보강해야 함. 13) 거문도를 거점으로 블라디보스토크 공격을 하기 위해서는 증원 부대가 필요함. 14) 거문도 방어에는 해군력만의 문제는 아님. 상업 선박, 저탄소 등이 필요한데 그러기 위해선 많은 비용이 소요됨.

1886년 1월 20일 해군성은 해밀턴 사령관의 이 의견을 외무성에 전달하면서 다음과 같은 6개 항목의 종합 의견을 첨부하였다. 1) 거문도에서의 철수를 해밀턴, 도웰, 윌리스 제독 모두가 동의함. 2) 이들은 모두 거문도를 보유하는 것이 바람직하지 않으며 거문도가 일급 요새가 되지 않으면 전쟁이 일어나도 오히려 약점의 원인이 됨. 3) 해군경들은 이 의견이 제독들의 완전한 합의라는 점을 첨부하길 바라고 있음. 4) 현재 거문도를 해병들이 일시 점령하는 데에도 상당한 비용이 소요됨. 5) 거문도와 제안도(諸鞍島, Saddle Island[Shanghae])의 해저전선은 수리해야 됨. 외무성의 확정적인 의견이 있을 때까지 수리에 필요한 거액을 승인하길 거부함.

6) 해군경들은 외무성이 거문도 철수 문제를 신속히 결정하길 바람.[110]

그 후에도 해군성은 계속해서 거문도 문제를 서둘러 종결짓기를 촉구하였다. 1886년 3월 19일에는 1월 20일자 위 서한의 내용을 부연하면서 거문도 철수의 필요성을 역설하였다.[111]

즉시 철수를 주장하는 해군성과 이미 점령하였으니 어떤 외교적 성과를 획득하고 나서 철수해야 한다는 외무성 사이의 대립은 계속되었다. 해군성은 5월 19일에도 철수를 조속히 결정해야 한다고 역설했으나 외무성은 현재 매카트니(H. Macartney)를 통해 영국과 중국이 거문도 문제를 교섭하고 있으니 당분간 철수 조치를 취하지 않는 것이 바람직하다는 의견을 5월 22일 제시하였다.[112]

해군성은 현지 해군 사령관에게 점령 기간을 6개월 또는 1년이라고 훈령하는 것이 절대적으로 필요하다는 강력한 의견을 6월 4일에 다시 외무성에 전달하였다. 이 서한에는 거문도 현황에 관한 챔피온호(the *Champion*)의 함장 포울렛(Powlett)의 보고에 대한 해밀턴 사령관의 의견을 첨부하였다. 즉 해밀턴 사령관은 거문도는 양항이 아니고 식수 문제가

---

110 F. O. 405/36/2, The Secretary to the Admiralty to Currie, Admiralty, Jan. 20, 1886(Received Jan. 21); AADM, p. 652; BDFA, doc. no. 261. p. 320.

111 F. O. 405/36/19, The Secretary to the Admiralty to Currie, Admiralty, Mar. 19, 1886(Received Jan. 20); BDFA, doc. no. 270, p. 327; AADM, pp. 665~666.

112 F. O. 405/36/32, The Secretary to the Admiralty to Currie, Admiralty, May 19, 1886(Received May 20); AADM, p. 673; F. O. 405/36/33, Currie to The Secretary to the Admiralty, Foreign Office, May 22, 1886; AADM, p. 673. 5월 22일 외무성의 이 의견에 대하여 해군성은 1886년 6월 1일자 해밀턴 제독의 보고를 6월 17일에, 그리고 7월 21일에는 현지 해군 제독들의 5개 문서를 동봉해 철수를 주장하였다. F. O. 405/36/45, The Secretary to the Admiralty to Currie, Admiralty, July 17, 1886, AADM, pp. 680~682; BDFA, doc. no. 280, pp. 335~336(부속 문서만 있음). F. O. 405/36/46, The Secretary to the Admiralty to Currie, Admiralty, July 21, 1886, AADM, pp. 682~687; BDFA, doc. no. 281, pp. 337~341.

심각하다고 지적했으며, 더구나 현재 해군이 방어하기에 곤란하며 보유하는 데에는 많은 비용이 필요해 조속한 철수가 필요하다는 의견이었다.[113]

해군성의 강력한 의견에 외무성은 동의하지 않을 수 없었다. 6월 12일 외무성은 거문도를 더 이상 점령할 필요가 없으니 이에 필요한 조치를 해군성이 취해주길 바란다는 서한을 발송하였다.[114]

1886년 8월 3일 영국 내각이 다시 솔스버리 노동당으로 바뀌어 거문도 문제 해결이 획기적인 국면으로 접어들었다. 8월 12일 외상 이데슬리(Iddesleigh, S. H. Northcote)는 다음과 같은 훈령을 중국 주재 월섬(J. Walsham) 공사에게 전보로 지시하였다.

> 원산과 거문도를 개항장으로 하는 것에 동의함. 귀하는 우리가 거문도를 떠나는 조건으로 이것을 비밀리에 토의할 것. 중국 정부에게 우리는 중국의 이익에 가장 합치되는 방식으로 문제를 다룬다는 것을 확신시킬 것.
>
> 제독들의 보고들이 거문도는 가치가 없다고 하니 거문도나 원산이 적대적인 손에 들어가지 않는다는 적당한 조치가 이루어지면 우리는 거문도를 곧 떠나려고 함.[115]

영국은 이제 거문도에서 철수하는 경우에 러시아가 이 섬을 점거하지 않는다는 중국의 보장을 얻으려는 것이다. 결코 빈손으로는 떠나지 않는

113 F. O. 405/36/36, The Secretary to the Admiralty to Currie, Admiralty, June 4, 1886(Received June 7), AADM, pp. 674~677; BDFA, doc. no. 277, pp. 331~334.

114 F. O. 405/36/38, Currie to the Secretary to the Admiralty, Foreign Office, June 12, 1886, AADM, p. 678; BDFA, doc. no. 278, p. 334.

115 F. O. 405/36/55, Iddesleigh to Walsham, Foreign Office, Aug. 12, 1886, 3:30 pm, AADM, pp. 690~691; BDFA, doc. no. 291, p. 343.

철저한 영국식 외교 양태였다.

3. 중국과 영국

거문도 문제에 관한 중국과 영국의 초기 교섭에 관해서는 제2부 제2장에서 살펴본 바 있다. 그 이후의 상황을 보도록 하자. 1885년 6월 9일에는 노동당 정부가 물러나고 24일 솔스베리 수상이 이끄는 보수당 정부가 들어섰다. 솔스베리는 외상을 겸직하였다. 영국의 내각 변경이 있자 영국과 중국 사이에 거문도 문제가 깊게 논의되기 시작하였다. 리훙장은 영국이 거문도를 중국에 대한 공격 기지로 사용하지 않는다면 그 점유를 묵인한다는 중대한 내용을 브레넌 영사에게 제안하였다. 오코너는 사적인 채널이지만 고려할 만하다고 6월 27일 보고하였다.[116] 영국 정부는 이런 제안을 중국 정부가 중국 주재 영국 공사에게 제의하는 길을 모색하길 희망하였다.[117] 그러나 리훙장의 관심은 영국이 과연 조선의 영토 보전을 약속할 수 있느냐 하는 데에 있었다.[118]

6월 30일 오코너 공사는 총서를 방문하였다. 이 자리에서 총서 대신들은 러시아가 영국의 거문도 점령에 항의할 것이니 중국은 형식적으로 영

---

116 F. O. 405/35/56, O'Conor to Granville, Peking June 27, 1885, 7:30 pm(Received 27, 11 pm), AADM. p. 509; BDFA, doc. no. 163, p. 253. F. O. 405/35/154, O'Conor to Salisbury, Peking, June 27, 1885(Received August 24), AADM, p. 600; BDFA, doc. no. 232, p. 301.

117 F. O. 405/35/57, Salisbury to O'Conor, Foreign Office, June 28, 1885, 6:35 pm, AADM. p. 509. F. O. 405/35/58, Salisbury to O'Conor, Foreign Office, June 28, 1885, AADM. pp. 509~510; BDFA. doc. no. 164, p. 253.

118 F. O. 405/35/158, O'Conor to Salisbury, Peking, June 30, 1885(Received August 24), AADM, pp. 603~604; BDFA, doc. no. 236, pp. 303~304.

국에 항의하고 막후에서 비밀 합의를 하자고 제의하였다. 역시 중국적인 발상이었다. 오코너는 이런 접근 방식에 반대하면서 영국 정부가 조선의 영토 보전을 보장할 수 있는지 본국에 문의하였다.[119] 7월 8일에도 오코너는 중국은 영국이 조선의 영토 보전을 약속하지 않는다면 거문도 점령을 공식적으로 인정할 수 없다고 하는데 영국이 이런 약속을 할 수는 없지 않겠느냐고 보고하였다.[120] 오코너가 이런 보고를 보내기 바로 전날 영국 외무성은 조선의 영토 보전을 약속하고 철수에 관해 중국 정부와 교섭하라는 훈령을 전보로 오코너에게 보냈다.[121]

솔스버리는 영국이 거문도를 철수하는 경우 중국은 필요한 조치를 취할 수 있는지 문의하라고 지시하였다. 철수 가능성을 처음 내비쳤다. 러시아·프랑스, 또는 독일이 거문도를 점령하는 것을 방지할 수 있는지 중국 정부에 질문할 것을 훈령하고 영국과 러시아 사이에 아프가니스탄 사태가 해결되면 러시아는 중국과 쑹화(松花)강 운행 문제를 제기할 것이라는 정보를 제공하였다.[122] 이 정보는 정확한 것이었다.

오코너는 중국과 조선이 러시아 때문에 영국의 거문도 점령을 명백히 동의하지 못하는 입장을 잘 알고 있었다. 중국이 점령을 묵인하고 있고 영국이 현재 점령하고 있으니 이 문제를 될수록 거론치 않는 것이 최선이라는 의견을 7월 15일에, 그리고 16일에는 전보와 서한으로 길게 보고하

119 F. O. 405/35/160, O'Conor to Salisbury, Peking, July 1, 1885(Received Aug. 24), AADM, p. 606; BDFA, doc. no. 238, pp. 204~205. AADM은 문서의 대부분이 누락되어 있어서 사용에 주의할 것.

120 F. O. 405/35/175, O'Conor to Salisbury, Peking, July 8, 1885(Received Sept. 7); AADM, pp. 621~622.

121 F. O. 405/35/76, Salisbury to O'Conor, Foreign Office, July 7, 1885, 4:50 pm, AADM, pp. 524~525.

122 F. O. 405/35/98, Salisbury to O'Conor, Foreign Office, July 13, 1885, AADM, p. 549; BDFA, doc. no. 195, p. 277.

였다.[123]

1885년 9월에 영국과 러시아 사이에 아프가니스탄 문제가 드디어 해결되자 외교계에서도 거문도 철수가 거론되었다. 리훙장이 먼저 이 문제를 들고 나왔다. 사실 영국과 러시아가 화해한 것은 그에게는 결코 바람직한 것이 아니었다. 영국과의 동맹까지는 아니더라도 정치적으로 밀착해 러시아에 대처한다는 그의 기본 구상이 무산되었기 때문이다. 그리고 프랑스와 월남전쟁이 해결되자 이제 조선 문제를 마무리하려고 하였다. 그는 10월 13일 아침 오코너 영국 공사를 만나 이제 러시아 문제가 해결되었으니 거문도의 불만족스런 사태를 종식해야 되지 않겠느냐고 운을 떼었다. 거문도에서 영국 국기를 내리고 영국이 건립한 군사적 오두막들을 철거하고 해저전선을 거문도에서 제물포로 옮기는 방안도 제안하였다. 오코너는 영국이 현재 임박한 선거가 끝나야 가능한 조치를 취할 수 있다고 답변하였다. 리훙장은 음력으로 연말까지는 거문도 문제가 해결되길 희망한다며 끝을 맺었다.[124]

리훙장의 이런 입장은 계속되었다. 리훙장은 11월 중순 베이징에 간 기회에 오코너와 회담하였다. 이 자리에서 리훙장은 해가 바뀌기 전에 거문도 문제의 해결을 희망한다고 하면서 백만 양(兩, 25만 파운드)을 점령의 저당으로 할 것을 제의하였다.[125]

---

123 F. O. 405/35/178, O'Conor to Salisbury, Peking, July 15, 1885(Received Sept. 7), AADM, pp. 623~625; BDFA, doc. no. 247, pp. 312~314. F. O. 405/35/103, O'Conor to Salisbury, July 16, 1885, 6:25 pm(Received July 16, 9:30 pm), AADM, pp. 550~551. F. O. 405/35/182, O'Conor to Salisbury, Peking, July 16, 1885(Received Sept. 21), AADM, p. 626.

124 F. O. 405/35/203, O'Conor to Salisbury, Peking, October 14, 1885(Received Nov. 30), AADM, pp. 645~646.

125 F. O. 405/36/1, O'Conor to Salisbury, Peking, Nov. 17, 1885(Received Jan. 12, 1886); AADM, pp. 651~652.

12월 12월 영국 외무성은 드디어 철수 방침을 오코너에게 훈령하였다. 철수 조건으로 영국이 철수하는 경우에 중국은 다른 국가가 거문도를 점령하지 않게 한다고 약속하라는 것이었다. 외무성은 이미 해군성의 동의를 받아놓았다.[126]

1886년 2월 영국에서는 다시 노동당 내각이 들어섰다. 3일에 글래드스턴이 수상, 그리고 6일에는 외상에 로즈버리(P. P. Rosebery)가 취임하였다. 중국과 영국의 거문도 철수 문제가 계속되었다.

쩡지쩌는 거문도 문제를 논의하기 위해 로즈버리 외상을 면담코자 하였으나 매일 의회에 나가 분주해서 만날 수 없어서 매카트니를 커리에게 보내 거문도 문제를 협의토록 하였다. 1886년 3월 11일 매카트니는 쩡지쩌의 지시로 커리를 만난다. 매카트니는 중국 주재 러시아 공사가 몇 차례 총서에 영국이 거문도를 점령한 의도가 무엇인지 문의하고 영구히 점령한다면 러시아도 조선의 한 지방을 점령한다고 하니 영국이 당초에 잠정 점거한다고 하고는 철수 하지 않은 이유를 문의하였다. 커리는 외상에게 문의해 쩡지쩌에게 알리겠다고 하면서 말하길, 리훙장, 총서의 대신들, 오코너가 전에 거문도 문제로 회담할 당시, 오코너가 영국이 거문도를 철수하는 경우에 유럽의 다른 나라가 점령하지 않을 거라는 것을 중국이 보장할 수 있는가를 물은 적이 있다는 사실을 상기시켰다.[127]

---

126 F. O. 405/35/206, Currie to the Secretary of the Admiralty, Foreign Office, December 8, 1885, AADM, pp. 647~648. F. O. 405/35/207, The Secretary of the Admiralty to Currie, Admiralty, December 10(Received Dec. 11), AADM, p. 648; BDFA, doc. no. 258, p. 319. F. O. 405/35/208, Salisbury to O'Conor, Foreign Office, December 12, 1885, AADM. p. 648; BDFA, doc. no. 259, p. 319.

127 「一千八百八十六年三月十一日 馬格里與外部侍郎克蕾面談節略」, 『中日韓』, 4, 문서번호 1147의 부속문서 1, pp. 2115~2116; F. O. 405/36/22, Rosebery to O'Conor, Foreign Office, Apr. 1, 1886, AADM, p. 667.

중국 정부의 이런 문의에 커리는 매카트니에게 다음과 같은 내용의 문서를 4월 14일에 수교하였다. 영국은 중국 정부의 희망에 반대하면서 점령을 계속하지 않는다. 다른 유럽 국가가 거문도를 점령하는 것은 중국과 영국에게 이익이 아니다. 중국이 이런 점령이 일어나지 않게 한다고 보장한다면 영국의 점령 목적은 달성된 것이다. 중국이 이런 책임을 지지 않는다면 영국 정부는 중국이 러시아와 그 밖의 관련 국가들이 조선의 영토 보전을 보장하는 국제 합의를 이룩하도록 할 것을 제안한다. 그렇게 약속한다면 영국도 이런 합의의 일원이 될 것이고 즉시 철수할 것이다.[128] 쩡지쩌는 커리의 서한을 받고 4월 17일에 영국은 다른 나라가 거문도를 점령하지 않는다면 철수할 의사가 있다고 전보로 총서에 알린다.[129]

매카트니와 커리의 회담 내용을 받아 본 쩡지쩌는 6월 13일 서한을 보내 문의하였다. 서한의 요지는 이렇다. 영국이 거문도를 점령한 것은 러시아와의 분쟁으로 말미암은 것이다. 각국이 거문도를 점령치 않겠다고 공약하면 영국은 철수한다고 하는데 각국의 회의를 어떻게 소집해 이런 공약을 할 수 있을 것인가.[130]

영국 정부는 조선의 영토 보전에 관한 중국 정부의 정확한 태도를 알려고 하였다.[131] 그러나 중국 총서의 대신들은 확실한 회답을 기피

---

128 F. O. 405/36/23, Currie to Macartney, Foreign Office, Apr. 14, 1886, Inclosure 1, Memorandum of Proposed Answer to the Communication made by Sir H. Macartney on the 11the March with regard to Port Hamilton, AADM, pp. 667~668; BDFA, doc. no. 272, p. 328; 「英外部侍郎克?致馬格里函」, 『中日韓』, 4, 문서번호 1147의 부속문서 2, p. 2116.

129 「使英曾紀澤致總署英人謂如各國不?韓地英還巨文島電」, 『清外』, 3, p. 31.

130 『中日韓』, 4, 문서번호 1147, p. 2115.

131 F. O. 405/36/26, Rosebery to O'Conor, Foreign Office, Apr. 30, 1886, AADM, pp. 669~610; F. O. 405/36/48, Rosebery to Walsham, Foreign Office, July 23, 1886, AADM, p. 688; BDFA, doc. no. 287, p. 342.

하여[132] 중국과 영국의 교섭은 지지부진하였다.

4. 중국과 러시아

중국과 영국의 협의와는 달리 중국과 러시아는 1886년 여름에 포시에트만(Poset灣) 지역의 국경 문제를 해결한 혼춘(琿春) 합의(1886년 7월 4일)를 이루어 오랜만에 두 나라 사이에 화해 분위기가 조성되었다. 이 지역의 분계(分界) 문제는 1860년 11월 14일 조약, 1861년 6월 16일 의정서에서 일반적인 문제가 합의되었으나 분쟁 지역이 그대로 남아 있었다. 이들 분쟁 지역 중 포시에트만 하안(河岸) 지역이 문제였고 중국 지방 당국은 이 하안의 러시아 촌락인 사벨로프카(Savelovka)가 중국 영토라고 주장하였다. 러시아 지방 당국은 1884년까지 이 지역을 점령해 양국 사이에 긴장이 조성되었다.

1884년 가을 연해주 총독 바라노프(I. G. Baranov)는 남(南)우수리 지역의 모든 국경 문제를 해결할 혼합위원회를 구성해 조사하자고 제의하였다. 중국도 1885년 5월에 우장칭(吳長慶)을 파견해[133] 교섭토록 하였다. 1886년 4월 우장칭은 혼춘에 도착하였고 바라노프와 회의를 거듭해 혼춘 근처 노보키예프스코에(Novokievskoe, 巖杵河) 계곡에서 7월 4일 혼춘 합의를 이루어 양국 사이의 영역 구분에 관한 일반 의정서를 성립시켰다. 이 합의로 양국 관계는 크게 개선되었고 러시아는 중국과 협력해 영국의

132 F. O. 405/36/51, Walsham to Rosebury, Peking, July 27, 1886, 8 am(Received July 27, 3 pm), AADM, p. 689; BDFA, doc. no. 288, p. 342.

133 「北洋會辦吳大徵奏吉林東邊界牌年久失修請飭總署與俄使商換石牌摺」, 1885년 5월 27일(음력 4월 14일), 『清外』, 2, pp. 536~537.

거문도 철수에 박차를 가하게 되었다.[134]

8월 27일 리훙장은 우장칭으로부터 중요한 전보를 받는다. 러시아는 영국이 거문도를 철수하는 경우에 결코 이 섬을 점령하지 않겠다고 바라노프가 말했다는 사실, 그리고 일을 마치고 톈진으로 오는 길에 거문도를 들려 영국 장교와 만났더니 철수한다고 언급했다는 것이다.[135]

거문도 철수 문제가 본격적으로 토의될 단계에 접어들었다. 1886년 8월 30일(음력 8월 2일) 리훙장은, 러시아는 장차 조선의 영토를 결코 점령하지 않을 것을 명백히 하였다는 다음과 같은 중요한 사실을 총서에 전보로 알린다. 일전에 중국 주재 러시아 대리공사 라디젠스키(N. F. Ladyzhenskii, 拉德仁)가 말하길, 러시아는 조선의 영토를 앞으로 영원히 취하지 않을 것이다. 중국도 그렇다는 것을 먼저 조회문을 교환해 명백히 하고 후에 조약을 체결하는 일은 새로 부임할 중국 주재 러시아 공사와 상의한다. 이어서 말하길, 중국과 러시아가 약정을 하면 영국과 일본이 거문도에 결코 마음을 둘 수 없어 철수하게 되고 다른 사람의 의혹도 제거할 것이다.

리훙장은 라디젠스키의 생각이 진실인 것 같다고 판단하였다. 그의 제안은 각국이 모여 상의해 담보하자는 영국의 제안과는 조금 다르다. 그러나 조선의 장차 걱정은 러시아와 일본에 있고 타국에는 관계가 없으니 러시아가 우리와 약정하면 양책일 것이다. 그리하여 리훙장은 라디젠스키가 먼저 조회문 초안을 만들어 다시 논의하자고 제안하였다는 것이다.[136]

---

134 Narochnitskii(1956), pp. 390~393.

135 「直督李鴻章致總署據吳大徵報俄無佔巨文島意電」, [1886년 9월 7일, 음력 8월 10일], 『清外』, 3, pp. 98~99.

136 「直督李鴻章致總署俄使言中俄永不取朝鮮土地電」, [1886년 8월 30일, 음력 8월 2일], 『清外』, 3, pp. 95~96. 바로 이날 라디젠스키는 본국 정부로부터 "영국이 거문도를 떠나는 경우 러시아는 이곳을 점령할 의사가 전혀 없다"는 전보를 받았다. Telegramma

9월 12일(음력 8월 15일) 오후 4시 라디젠스키는 리홍장을 만나 러시아는 장차 거문도를 점령치 않겠다는 기본 입장을 강조하였다. 그리고 리홍장과 거문도 철수를 논의하라는 본국 정부의 훈령을 받았다고 언급하였다.[137] 이때부터 두 사람 사이에 연일 회의가 열리게 된다.

9월 25일(음력 8월 28일) 오후 3시 라디젠스키는 리홍장을 다시 방문해 거문도 철수 문제를 구체적으로 논의하기 시작하였다. 라디젠스키는 한아밀약의 허구성을 강조하고 영국 신문이 보도한 러시아 병사 1천 5백 명이 블라디보스토크로 옮긴 것은 통상적인 군대 교환이지 증원군의 파견은 아니라고 설명하였다. 이어서 두 사람은 조선과 러시아 두 나라의 무역 관계, 그리고 중국과 러시아의 쑹화강 무역 관계를 논의하였다. 뒤이어 거문도 문제를 토의하였다.

라디젠스키는, 러시아 정부는 조선의 영토를 결코 점령하지 않을 것이라고 리홍장에게 천명하라는 훈령을 받았다는 말부터 꺼냈다. 리홍장은 그런 약속을 하나의 문서로 작성해줄 수 있느냐고 질의하였다. 조선 영토를 점령치 않겠다는 방법 문제로 두 사람의 논쟁이 시작되었다.

라디젠스키는 문서로 보증하는 일에 원칙적으로 반대하였다. 중국에 대해서는 조선 영토를 침범하지 않는다고 할 수 있으나 영국에게 그런 약속을 할 이유가 없다는 것이다. 리홍장은 영국이 러시아를 의심해 보증을 요구하는 것이라고 궁색한 설명을 할 수밖에 없었다.

리홍장은 화제를 돌려 거문도와 영흥만을 개항장으로 하자는 영국의 제안에 대한 라디젠스키의 의견을 물었다. 라디젠스키는 조선이 개항장

Ladyzhenskomu ot 30(18) avgusta 1886g.(1886년 8월 30[18]일 라디젠스키 전보) AVPR, kit stol(中國課), 1886, no. 4, l.25, Narochnitskii(1956), p. 395, note 4.

137 「論俄日窺韓」, [1886년 9월 15일, 음력 8월 18일], 부속문서, 與俄使拉德仁問答節略, 『李文』, 4, 海軍函稿, pp. 525~527.

을 더 만드는 것은 러시아에게는 무관한 일이고 영흥만을 점령할 의사가 전혀 없다고 강조하였다. 리훙장도 거문도와 영흥만을 개항장으로 하는 영국의 제안에 반대한다는 입장을 분명히 하였다. 라디젠스키는 리훙장이 영국에게 거문도 철수를 명령하면 일은 다 끝난다는 말로 이날의 회담은 끝을 맺었다.[138]

9월 29일(음력 9월 2일) 오후 3시 반에 라디젠스키는 리훙장을 방문해 거문도 문제 토의를 계속하였다. 이날 리훙장은 처음으로 조선의 속방 문제를 거론하였다. 조선이 속방의 명분을 영원히 지키면 중국은 조선의 영토를 침범하지 않을 것이고 조선의 인방(隣邦)인 러시아도 이런 약속을 할 수 있는지 질의하였다. 리훙장은 조선에 대한 중국과 러시아의 지위를 분명히 구별해 질문하였다. 중국은 조선의 종주국이고 러시아는 조선의 이웃으로 통상하는 국가라는 것이다.

이런 질의에 라디젠스키는 동의하였다. 약속도 두 가지 방법이 있다고 하면서 조회문을 서로 교환하는 방식과 2~3개 조문으로 구성된 조약을 체결하는 방식인데 조약 체결은 새로운 러시아 공사가 부임하면 그와 협의하는 것이 좋다는 의견을 제시하였다.[139]

10월 1일(음력 9월 4일) 라디젠스키는 다음과 같은 3개조로 된 조회문을 리훙장에게 교부하였다. 1) 조선과 중국, 조선과 각국의 관계는 불변. 2) 조선 토지의 완전(完全) 준수. 3) 조선 국왕의 자주. 이런 내용에 대해 리훙장은 라디젠스키에게 조선은 중국의 속방으로서 러시아의 경우와는 크

138 「請英退巨文島」(1886년 10월 1일, 음력 9월 4일), 부속문서, 與俄國拉使問答節略(1886년 9월 25일, 음력 8월 28일), 『李文』, 5, 譯署函稿, pp. 468~469.

139 「請英退巨文島」(1886년 10월 1일, 음력 9월 4일), 부속문서, 與俄國拉使問答節略(1886년 9월 29일, 음력 9월 2일), 『李文』, 5, 譯署函稿, pp. 469~470. 라디젠스키와 있었던 회담들의 요지를 리훙장은 9월 29일 전보로 총서에 알린다. 「北洋大臣來電」, 『中日』, 上, 문서번호 482, p. 190; 『李文』, 6, 電稿, p. 201.

게 다르다고 강조하였다.[140]

10월 6일 라디젠스키는 수정한 조회문 초안을 다시 리훙장에게 수교하였다. 1) 중국과 러시아는 조선의 현황을 영구히 변경하지 않는다. 2) 두 나라는 조선의 토지를 취하지 않는다. 3) 조선에 일이 있으면 두 나라는 공동으로 대처한다. 리훙장은 전보다는 좀 명백하지만 아직 어폐(語弊)가 있다고 판단하고, '3)'의 내용은 일본을 지목한 것 같아 설명을 요구했으나 라디젠스키는 거절했노라고 리훙장은 총서에 보고하고 있다.[141]

다음날 오후에도 라디젠스키는 리훙장을 찾아가 늦게까지 거문도 문제를 토의하였다. 리훙장은 2개조로 간단히 조회문을 작성하고 러시아가 앞으로 조선의 토지를 취하지 않는다는 것이 중요하다고 말하자 라디젠스키도 이에 동의하였다.[142] 조회문 교환으로 문제가 해결될 것 같이 보였다.

중국 조정은 돌연 조회문에 조선의 현황을 변경하지 않는다는 내용이 속방으로서의 조선의 지위를 변경하게 될 우려가 있다고 판단하였다. 더욱이 이런 조회문 교환으로 장차 러시아가 조선 문제에 개입할 소지가 있다고 생각하였다. 10월 11일(음력 9월 14일), 10월 14일(음력 9월 17일) 조회

---

140 『中日韓,』, 4, 문서번호 1177, p. 2139, 부건 2, 「9月初4日俄使交來照會稿」, p. 2142; 「李鴻章致總署報與俄使英領商巨文島事函」, 『淸外』, 3, pp. 113~411 (부건들 없음); 「李鴻章與俄使商敍朝鮮事件來函」, 『中日』, 上, 문서번호 492, pp. 191~192 (부건 1만 있음); 「駁俄照會竝議巨文島」, 『李文』, 5, 譯署函稿, pp. 470~473; 「寄譯署」, 『李文』, 6, 電稿, p. 203.

141 『中日韓,』, 4, 문서번호 1177, p. 2139, 부건 3, 「9月初9日俄使交來照會稿」, p. 2143; 「李鴻章致總署報與俄使英領商巨文島事函」, 『청외』, 3, pp. 113~411(부건들 없음); 「李鴻章與俄使商敍朝鮮事件來函」, 『中日』, 上, 문서번호 492, pp. 191~192(부건 1만 있음); 「駁俄照會竝議巨文島」, 『李文』, 5, 譯署函稿, pp. 470~473; 「寄譯署」, 『李文』, 6, 電稿, p. 203.

142 『中日韓,』, 4, 문서번호 1177, p. 2139; 「駁俄照會竝議巨文島」, 『李文』, 5, 譯署函稿, pp. 470~471.

문 교환을 하지 말라는 황제의 유지(諭旨)가 내려졌다.[143]

리훙장은 태도를 바꾸지 않을 수 없게 되었다. 조선의 현황을 고치지 않는다는 조회문의 내용을 삭제하자고 라디젠스키에게 계속 요구하였다. 10월 11일에 뤄펑루(羅豊錄)를 라디젠스키에 보내 상의하고, 10월 24일, 25일, 26일에 조회문을 고칠 것을 요구했으나 라디젠스키는 거절하고 26일에는 베이징으로 떠나고 말았다.[144]

10월 27일 리훙장은 총서에 서한을 발송해 러시아가 조선의 영토를 취하지 않겠다고 약속했으니 영국에 거문도 철수를 요청하는 조회를 발송하겠다고 천명하였다.[145] 1886년 10월 2일(음력 9월 5일) 이미 영국에게 거문도 철수를 촉구하라는 황제의 유지가 내려져 있었다.[146]

리훙장과 라디젠스키 사이에는 문서로 작성된 합의는 없었다. 그러나 몇 차례 회담을 거치면서 두 사람은 영국은 거문도를 철수하고 조선 영토의 현상은 유지해야 된다는 일반 노선에 관해서는 뜻을 같이 하였다. 이 점은 중국 · 러시아, 그리고 영국의 이해가 일치하였다. 이와 같이 외교관 사이에 비록 법적인 효력은 없으나 정치적 · 도적적인 성격의 합의를 신사협정(紳士協定, Gentlemen's Agreement)이라고 부른다.

리훙장은 라디젠스키와 진행한 회담 내용을 브레넌 영국 영사에게 알려주었다.[147] 영국 외무성은 중국과 러시아 교섭 진행을 더 지켜본 이후

143 「直督李鴻章致總署韓事照會俄使不肯改稿電」, 『淸外』, 3, pp. 114~115.

144 「論俄牘未定催英退島」(1886년 10월 26일 음력 9월 29일) 부건 1 與拉署使問答節略(10월 24일, 음력 9월 27일), 『李文』, 5, 譯署函稿;, pp. 474~475; 『中日韓』, 4, 문서번호, 1180, pp. 2168~2171; 「直督李鴻章致總署與俄使商不佔據朝鮮土地函,」, 『淸外』, 3, p. 115~116. Pak(1999, p. 120)의 논문은 러시아 문서 AVPR를 조사해보니 중국 조정이 조선 현황 불변 조항을 거절했다는 것이 주된 논지이다. 그러나 중국 조정의 이런 태도는 잘 알려진 사실이다.

145 『中日韓』, 4, 문서번호 1179, p. 2167.

146 「諭軍機大臣等」(1886년 10월 2일, 음력 9월 5일), 『德宗實錄』.

에 구체적인 훈령을 보내기로 하였다.[148] 영국 해군성은, 러시아는 시베리아 지역에서 매우 취약하며 앞으로 수십 년 동안 러시아가 조선의 항구를 점령할 능력은 전혀 없다며 다시 거문도 철수를 강력히 주장하였다.[149]

총서는 리훙장의 권고에 따라 월섬 공사에게 10월 31일(음력 10월 5일) 조회문을 발송한다. 영국이 거문도를 떠나면 러시아는 결코 이 섬을 점령치 않겠다고 약속했으니 조속히 거문도에서 철수할 것을 요청하는 공문이었다.[150] 이 공문을 받은 월섬은 11월 5일 영국이 철수하는 데 가장 좋은 조건이라는 의견을 개진하고[151] 외상은 거문도를 철수하겠다는 뜻을 총서에 전달하게끔 19일 월섬에게 전보로 훈령하였다.[152]

---

147 F. O. 405/36/91, Walsham to Iddlesleigh, Peking, Oct. 6, 1886, telegram(Received Oct. 6), AADM, pp. 709~710; BDFA, doc. no. 305, pp. 351~352. F. O. 405/36/111, Walsham to Iddelsleigh, Peking, Oct. 6, 1886(Received. Nov. 30), AADM, pp. 721~728; BDFA, doc. no. 316, p. 361. F. O. 405/36/112, Walsham to Iddlesleigh, Peking, Oct. 8, 1886(Received Nov. 30), AADM, p. 728; BDFA, doc. no. 318, pp. 363~364. F. O. 405/36/113, Walsham to Iddlesleigh, Peking, Oct. 9, 1886(Received Nov. 30), AADM, pp. 728~731; BDFA, doc. no. 319, pp. 364~365.

148 F. O. 405/36/95, Iddesleigh to Walsham, Foreign Office, Oct. 12, 1886, AADM, pp. 710~711.

149 F. O. 405/36/122, Walsham to Iddesleigh, Peking, Oct. 22, 1886(Received Dec. 13), AADM, pp. 734~740; BDFA, doc. no. 322, pp. 366~367; Inclosure 1, Admiral Hamilton to Walsham, Sept. 29, 1886, Inclosure 2, Walsham to Hillier, Oct. 7, 1886, Inclosure 3, Walsham to Captain Powlett, Oct. 7, 1886, Inclosure 4, Powlett to Walsham, Oct. 15, 1886, Inclosure 5, Hamilton to Walsham, Sept. 29, 1886, Inclosure 6, Walsham to Hamilton, Oct. 22, 1886.

150 『中日韓』, 4, 문서번호 1181, pp. 2171~2172.

151 F. O. 405/36/102, Walsham to Iddelsleigh, Peking, Nov. 5, 1886(Received, Nov. 5), AADM, p. 715; BDFA, doc. no. 310, pp. 355~356; 『中日韓』, 4, 문서번호 1184, pp. 2176.

152 F. O. 405/36/108, Iddesleigh to Walsham, Foreign Office, Nov. 19, 5:45 pm, AADM, p. 720; BDFA, doc. no. 314, p. 359; 「直督李鴻章致總署俄使擬定永遠不佔韓地照會電」, 1886년 12월 6일(음력 11월 11일), 『淸外』 3, p. 121.

총서는 거문도를 철수한다는 월섬의 조회를 1886년 12월 24일(음력 11월 29일) 접수하고[153] 12월 29일 리훙장은 서울의 위안스카이에게 영국이 거문도를 떠나니 조용히 거문도를 접수하라고 조선 조정에 비밀리에 통고하라고 지시하였다.[154] 영국은 1887년 2월 27일에 가서야 거문도에서 영국 국기를 드디어 내린다.[155]

---

153 『中日韓』, 4, 문서번호 1189, pp. 2179~2180.

154 『李文』, 6, 電稿, p. 207.

155 영국은 철수하면서 강대국답지 않은 치졸한 금전 외교의 양태를 다시 보여주었다. 영국은 거문도를 점령하자 곧 상하이 부근의 새들 아일랜드(Saddle Island, 諸鞍島)에서 거문도까지 해저전선을 부설하였다. 그러나 9월 태풍으로 해저전선이 절단되어 사용할 수 없게 되었다. 영국 정부는 지금 이 고장 난 해저전선을 중국에 판매코자 하려는 것이었다. 중국 공사로 새로 부임한 월샴은 처음엔 거문도를 개항장으로 해야 한다는 복안을 가지고 있었다. 그럴 경우에 해저전선과 거문도 주민으로부터 임대한 거문도의 해저전선 종착 지역을 어떻게 처리해야 되는지 외상에 문의하였고 외상은 해저전선은 매각하고 거문도 주민으로부터 임대한 토지는 유지하지 않은 것이 영국 정부의 의견이라고 답변하였다. F. O. 405/36/58, Walshami to Iddelsleigh, Peking, Aug. 15, 1886, 5:15 pm(Received Aug. 15, 5:35 pm), AADM, pp. 691~692; BDFA, doc. no. 292, pp. 343~343. F. O. 405/36/62, Iddelsleigh to Walsham, Foreign Office, Aug. 16, 1886, AADM, p. 693; F. O. 405/36/64, Iddelsleigh to Walsham, Foereign Office, Aug. 18, 1886, AADM, p. 694.

해군성은 1886년 12월 21일 거문도에 이르는 30마일 정도의 해저전선을 3만 파운드로 매각할 것을 외무성에 요청하였다. 이 금액은 1885년 설치비용의 절반도 안 되는 가격이라고 생색을 내었다. 외상은 월샴에게 12월 27일 매각 교섭을 지시하였다. F. O. 405/36/132, Macgregor to Currie, Admiralty, Dec. 21, 1886(Received Dec. 23), AADM, p. 743; BDFA, doc. no. 331, p. 371; F. O. 405/36/136, Iddelsleigh to Walsham, Foreign Office, Dec. 27, 1886, 3:50 pm, AADM, p. 748; BDFA, doc. no. 333, p. 372. 리훙장은 12월 30일 엔타이 전신 책임자(盛宣懷)에게 구입 여부를 문의하고(「寄煙臺盛道」, 『李文』 6, 電稿, p. 207) 1887년 1월 1일 반값이라고 해도 금액이 6만 파운드, 13만 양(兩)에 이르고 상하이에서 거문도까지 연결하는 것도 불편하다는 의견을 총서에 전달하였다. 「寄譯署」, 『李文』 6, 電稿, p. 207. 이에 총서는 월샴에게 중국은 해저전선을 구입하지 않는다는 결정을 전달해 거문도 철수에 따른 영국식 상업 외교의 일화는 끝난다. 『中日韓』 4, 문서번호 1194, 1887년 1월 4일(음력 1886년 12월 11일), p. 2184.

결론에 대신하여

영국의 거문도 점령은 의외로 리홍장의 조선 지배를 강화시키는 정치적 결과를 가져왔다. 1880년부터 추진해온 그의 조선 속국론이 현실로 강화되기 시작하였다. 거문도 사건의 국제정치적 타결에서 승리한 것은 리홍장이었다.

중국의 변형된 사대질서론에 대한 조선 지식인 반론의 대표적인 예가 유길준의 양절체제론(兩截體制論)이었다고 필자는 여러 번 강조하였다. 그리고 고종의 정치적 저항은 1887년 박정양(朴定陽)을 주미공사로 파견한 극적인 조치로 나타났다. 중국의 고종폐위 음모가 실행에 옮겨지기도 하였다.[1] 거문도 사건은 조선의 파행적 세계화를 가속시킨다.

거문도 점령을 강행한 영국도 국제정치적인 승리자였다. 러시아로 하여금 약 10년간이나 한반도에 진출하지 못하도록 하였기 때문이다. 마치 크림전쟁(1853~1856년)에 승리해 러시아의 지중해 진출을 20년 가까이 저지할 수 있었던 것과 같은 맥락이다. 1886~1887년 사이에 미하일로비치

1 자세한 것은 김용구(1972), pp. 50~51; 김용구(2006), pp. 530~535.

(A. Mikhailovoch) 태공(太公) 주재로 개최된 특별위원회는 조선의 항구를 점령하는 것은 러시아 극동 방위력을 약화시키는 결과를 초래한다고 결정하였다.[2] 1887년 1월 8일 기르스(N. K. Girs) 외상이 해군 본부장 쉐스타코프(I. A. Shestakov)에게 보낸 서한에서 조선에 러시아 영향력을 확장시키면 안 된다고 강조하고 있다. 동북아시아 지역에서 러시아의 정치적 관심은 오로지 중국과 일본이라고 단정하고 있다.[3]

1888년 5월 8일의 특별위원회에서는 아무르 총독 코르프(A. N. Korf)와 외무성 아시아 국장 지노비예프(I. A. Zinoviev)가 작성한 보고서를 조선 정책의 기본 노선으로 채택하였다. 이 보고서는 조선 문제에 관해 다음과 같은 세 가지 질문에 응답하는 형식으로 작성되었는데 러시아는 조선에 진출하지 말 것을 특히 강조하고 있다.

1) 러시아가 조선을 획득하는 것이 바람직한 것인가? 그리고 그런 점령으로 예측하는 결과는 무엇인가?

조선을 점유한다는 것은 러시아에게 아무런 이득도 가져오지 않을 뿐 아니라 매우 좋지 않은 결과를 분명히 가져올 것이다. 조선은 매우 빈곤한 국가로 러시아에 이익이 되는 무역 시장이 아니다. 또한 조선의 긴 연안을 방어한다는 것도 러시아의 연해주 병력으로는 곤란하다. 조선을 점령한다면 중국 · 영국, 그리고 일본과의 관계에서 매우 위험하다고 결론 짓고 있다.

2) 조선에서의 위험이 러시아를 위협하는가?

조선이 중국이나 일본의 지배를 받게 된다면 러시아에 위협이 되기 때문에 이런 사태가 야기되지 않도록 해야 한다. 갑신정변 이후 일본은 조

---

2 Malozemoff(1958), p. 33.

3 RGAVMF, 417-1-312-1~5, 『해군성문서』(2007), pp. 161~164.

선에 대한 무관심 정책으로 전환하였으나 최근 조선을 중국이 점령하는 것을 방지하기 위해 다시 고민하기 시작하였다. 러시아는 일본의 이런 정책을 지지해야 한다. 중국이 전통적인 사대질서의 테두리 안에서 조선을 지도한다면 러시아는 찬성한다. 그러나 현재 중국의 조선 지배는 이런 전통적인 관계에 머물러 있지 않고 중국의 한 지방으로 예속시키려 하고 있다. 이런 사태가 발생하면 남(南)우수리 지위는 매우 위험하게 될 것이다. 더욱이 열강들은 중국이 조선의 독립을 위협하는 것에 무관심하고 중국과의 우호 관계를 희망하고 있어서 문제의 심각성이 있다.

3) 중국의 조선에 대한 계획을 저지하기 위해 러시아는 어떤 조치를 취해야 하나?

중국의 조선에 대한 내정 간섭은 러시아와 조선의 비밀 관계에서 대부분 비롯되었다는 사실을 묵과할 수 없다. 따라서 러시아가 조선 문제에 관여하여 중국과 분쟁을 일으키면 안 된다. 러시아는 1886년 톈진합의에 입각해 조선의 영토 보전을 중국이 위반하지 않도록 하는 데에 노력을 국한해야 한다. 중국의 조선 정책이 조선을 점령하려는 것이라면 러시아는 중국과의 긴 서부 국경에서 군사적 위협을 가해야 한다. 조선 문제로 중국과 전쟁을 하는 것은 모든 면에서 바람직스럽지 않기 때문에 극단적인 조치는 중국 해역에서 군사적 시위를 하는 것, 또는 우리 국경에서 가장 가까운 조선 연안의 어떤 지역을 점령하는 것이다.[4]

러시아의 이런 조선 경시 정책은 오래 지속되지 못하였다. 거문도 사건 이후 러시아는 동북아시아 지역의 방어 전략을 해군력보다는 지상군의 강화로 선회하였다. 극동 해군력을 최소화하자 블라디보스토크의 중요성

4 "Pervye shagi russkogo imperialisma na Dalnem Vostoke(1888~1903)"(극동에서 러시아 제국주의 첫걸음들), KA, 52(1932), pp. 34~124.

은 크게 감소하였다.

육군 위주의 군사전략은 시베리아 철도 부설로 연결되었다. 중국과의 베트남전쟁에서 패배한 프랑스의 페리(J. Ferry) 내각이 사퇴하자 프랑스의 자본은 러시아로 투입되어 시베리아 철도 부설의 자금으로 사용하게 되었다. 1887년 6월 18일 페테르부르크의 고위 관계자 회의에서 철도 부설에 의견이 모아졌고 다음날 황제는 이에 따르는 문제들을 조사토록 명령하였다. 그러나 외무성의 반대로 시베리아 철도 부설의 착수는 우여곡절을 거치게 된다.

1892년 2월 27일과 3월 5일 내각회의에서 드디어 철도 부설을 의결하고 조속히 공사에 착수토록 하였다. 세계 여행에서 돌아온 황태자 알렉산드로비치(N. Alexandrovich)가 1893년에 시베리아 철도 부설의 총책임자가 되자 러시아의 세계 정책은 일대 변혁을 맞게 되었다.[5]

일본은 영국의 거문도 점령이라는 새로운 국제정치 현실에 직면해 한동안 조선 문제에 소극적이었으나 그런 방임 정책도 오래 지속될 수는 없었다. 1882년의 군비 증강 계획을 1885년부터 실천에 옮기기 시작하였다. 이 계획은 기존 병력을 두 배로 증강할 것을 목표로 삼았고 1883년부터 시작된 해군건함 계획은 8년 이내에 대함 · 중함 · 소함 등 모두 42척을 보유한다는 내용이었다. 1889년에는 징집령을 대폭 수정해 국민개병제를 도입함으로써 군사 국가의 면모를 갖추게 되었다.

1890년 일본은 처음으로 제국의회를 개최하였다. 내각 총리대신 야마가타 아리토모(山縣有朋)는 12월 6일에 이른바 시정 방침에 관한 연설을 하였다. 그는 한반도가 일본 열도의 안전에 필수적인 이익선(利益線)이라고 천명하였다.[6] 일본 열도의 주권선(主權線)을 보호하기 위해서는 이익선

5 Malozemoff(1958), pp. 39~40, Schimmelpenninck(2001), p. 23.

6 김용구(2006), pp. 331~332.

의 옹호가 절대적으로 필요하다는 것이었다.

거문도 사건을 해결하는 과정에서 리훙장의 입지는 동북아시아 지역정치 구조에서는 한동안 강화되었다. 그러나 그런 현상은 오래 지속될 수 없었다. 1890년대에 들어서면서 러시아와 일본의 동북아시아 정책 자체가 세계정치 구조와 밀접하게 연결되었다. 세계정치는 전쟁을 함축하고 있다. 동북아시아 지역은 이제 피의 현장으로 전환되었다. 그 중심에 한반도가 놓이게 되자 파행적 세계화는 심화되면서 1910년에 이르게 된다.

참고문헌

* 거문도 문제에 관한 각국의 외교 문서와 주요한 개인 문서에 관해서는 제1부 제3장을, 그리고 일반적인 사료에 관해서는 '약어표'를 볼 것.

* 중국과 일본 연구는 한글 음에 따라 배열하였음.

1. 국문

金容九(1995~1996) 엮음, 『한일외교미간극비사료총서』, 50책, 서울.

———(1997), 『세계관충돌의 국제정치학』, 서울.

———(2001), 『세계관 충돌과 한말외교사, 1866~1882』, 서울.

———(2002), 『외교사란 무엇인가』, 인천.

———(2004), 『임오군란과 갑신정변: 사대질서의 변형과 한국 외교사』, 인천.

———(2006), 『신판 세계외교사』, 서울.

金在勝(1997), 『近代韓英海洋交流史』, 金海.

———(1997), 「巨文島事件에서 駐屯英國軍의 實狀」, 『黃山李興鍾博士華甲紀念史學論叢』, pp. 215~288.

盧啓鉉(1984), 「英國의 巨文島占領과 韓國의 撤退交涉」, 『韓國外交史論』, pp. 176~197.

朴日根(1982), 「李鴻章의 對朝政策: 英艦의 巨文島事件을 中心으로」, 부산대학교 사회과학대 학 『사회과학논총』, 1/1, pp. 1~25.

박종효(2002), 『러시아 國立文書保管所 所藏 韓國關聯文書 要約集』, 서울.

박준용(1967), 「外交史的으로 본 韓美政局과 巨文島事件」, 부산대학교 『法學硏究』, 9, pp. 227~272.

徐仲錫(1957), 「巨文島事件과 國際關係硏究」, 경희대학교 『政外學報』, pp. 59~89.

엄찬호(2002), 「巨文島事件과 朝鮮의 中立化論」, 강원대학교 사학회 『강원사학』, 17~18 합본, pp. 237~258.

元裕漢(1969), 「南海의 英國砲臺: 巨文島事件」, 『한국현대사』 2, pp. 22~54, 서울.

———(1983), 「英國軍의 巨文島占領事件」, 『軍史』(국방부전사편찬위원회), 7, pp. 40~76.

李用熙(1964), 「巨文島占領外交綜攷」, 『李相伯博士回甲紀念論叢』, pp. 459~499. 『한영 수교100년사』(1982), pp. 69~106.

2. 중문

朴日根(1983), 「巨文島事件與李鴻章之對韓政策」, 『中韓關係史國際硏討會論文集』, 中華民 國韓國硏究學會, pp. 205~229.

吳大徵, 『吳愙齋先生年譜』, 北京, 1935, 臺北, 1965.

王信忠(1936), 『中日甲午戰爭之背景』, 北京.

李恩函(1966), 『曾紀澤的外交』, 臺灣.

———(1982), 「評朴日根先生巨文島事件與李鴻章之對韓政策」, 『韓國學報』(中華民國 韓國 硏究學會), 2, pp. 211~212.

李鴻章, 제1부 제3장 참조.

周馥, 『周懿愼公全集』

曾紀澤(1932), 『曾惠敏公遺集』, 上海.

———, 『出使英法日記』.

———, 『曾紀澤日記』,

3. 일문

姜範錫(1999), 「巨文島事件とその後—パックス・ブリタニカの落日と東アジア—」, 廣島國際 硏究, 5/5, pp. 19~55.

岡本隆司(2004), 『屬國と自主のあいだ゜近代淸韓關係と東アジアの命運』, 第九章 英露と淸韓關係, pp. 341~363, 名古屋.

高橋秀直(1995), 『日淸戰爭への道』, 第二章 甲申政變・巨文島事件と軍擴計劃の再編, pp. 122~233, 東京.

廣瀨靖子(1974), 「日淸戰爭前のイギリス極東政策の一考察」, 『國際政治』, 51號, pp. 129~154.

楠家重敏,『W. G. アストン: 日本と朝鮮結ぶ學者外交官』, 東京, 2005.
渡邊勝美(1934),「巨文島外交史」,『普專學會論集』, 第1卷, 3月, pp. 223~281.
安夢弼(1977),「イギリスの巨文島占領事件(1885~1887)」,『經濟論集』[大東文化大]. 26號. pp. 79~114.
奧平武彦(1933),「英艦の巨文島占領事件」, 朝鮮, 215號, pp. 83~104.
佐佐木揚(1980),「日淸戰爭前の朝鮮をめぐる露淸關係: 一八八六年の露淸天津交涉を中心として」,『佐賀大學敎育學部硏究論文集』, 28-1[1]號, pp. 35~51.
———(1981),「イギリス極東政策と日淸開戰」,『佐賀大學敎育學部硏究論文集』, 29-1[1]號, pp. 25~45.
———(1982),「ロシア極東政策と日淸開戰」,『佐賀大學敎育學部硏究論文集』, 30-1[1]號, pp. 57~73.
———(1987),「一八八〇年代における露朝關係: 一八八五年 '第一次露朝密約' を中心として」,『韓』, 106號, pp. 3~55.
川島眞(2004),『中國近代外交の形成』, 第III部 中國的傳統外交の底流: 宗主・大國化・空間 認識, pp. 352~423, 名古屋.

4. 구미문

Allen, James G.(1936), "Anglo-Russian Rivalry in Central Asia, 1865~1885", Unpublished Ph. D Thesis, University of California, Berkeley.
Boulger, Demetrius C. and Crichton-Browne(1908), *The Life of Sir Halliday Macartney: Commander of Li Hung Chang's Trained Force in the Taeping Rebellion, London*, New York.
"British Annexion: Port Hamilton", *The Times*, Apr. 4, 1885, 5f; Apr. 6, 1885, 3c, 6c.
Ch'en, Jerome(1972), *Yuan Shih-k'ai*, 2nd Edition, Stanford.
Coates, P. D.(1988), *China Consuls. British Consular Officers, 1843~1943*, Oxford.
Daniels, Gordon(1996), *Sir Harry Parkes. British Representative in Japan, 1865~1883*, Japan Library.

Drake, Frederick C.(1984), *The Empire of the Seas. A Biography of Rear Admiral Robert William Shufeldt, USN*, Honolulu.

Foot, M. R. D & H. C. G. Matthew, eds.(1968~1994), *Gladstone Diary*, 14 vols, Oxford.

Fraser–Tytler, W. K.(1950), *Afghanistan*, Oxford.

Greaves, Rose L.(1959), *Persia and the Defence of India, 1884~1892*, London.

Grenville, J. A. S.(1964), *Lord Salisbury and Foreign Policy*, London.

Gwynn, Stephen & Gertrude M. Tuckwell(1917), *The Life of the Rt. Hon. Sir Charles W. Dilke*, 2 vols., London.

Hamilton, A. W.(1982), "The Komundo Affair," *Korea Journal*, 22/6.

Hoare, J. E.(1986), "Komundo: Port Hamilton", *Asian Affairs*, 17/3, pp. 298~308.

Hobsbawm, Eric(2005), "Preface", in E. V. G. Kiernan, *America. The New Imperialism from White Settlement to World Hegemony*, 2005 복간본, London, N. Y., pp. vii~xiii.

Inaba Chiharu(稻葉千晴)(1997), *Russko–yaponskie diplomaticheskie otnosheniya, 1850~1917gg. Katalog dokumentov*(러시아–일본의 외교 관계, 1850~1917. 문서 목록), Tokio.

Jones, Francis C.(1936), *Foreign Diplomacy in Korea*, Harvard Univ. Unpublished Ph. D Thesis.

Kiernan, E. V. G.(1939), *British Diplomacy in China, 1880 to 1885*, London Octagon edition, 1970, N. Y.

———(1955), "Kashgar and the Politics of Central Asia," *Cambridge Historical Journal*, vol. 10.

———(1955), "India, China and Tibet: 1985~1986", *Journal of Greater India Society*, vol. 14.

———(1955), "India, China and Sikkim: 1886~1890", *Indian Historical Quarterly*, vol. 31.

———(1969), *The Lords of Human Kind. European Attitudes Toward the Outside World in the Imperial Age*, London.

———(1970), *America. The New Imperialism from White Settlement to World Hegemony*, London, N. Y.

———(1970), "Foreword to the Octagon Edition", in His Octagon edition, pp. ix~xxiii.

Kim, I. Yu.(2004), "Perechen ryada rossiiskikh arkhivnykh materialov po istorii rossiisko-koreiskikh otnoshenii kontsa XIX-nachala XX vv.(19세기말~20세기초 러시아-조선 관계에 관한 일련의 러시아 문서 자료 목록), "*Voprosy Istorii Korei*"(조선사의 제문제), pp. 198~269.

Kim, Yung Chung(김영정)(1964), *Great Britain and Korea, 1883~1887.* 인디애나대학교 박사학위논문. 『韓國文化研究院論叢』(이화여자대학교), 18, 1971.

Kornicki, P. F(1991), "William George Aston, 1841~1911", Cortazzi, Hugh & Gordon Daniels eds., *Britain and Japan, 1859~1991. Themes and Personalities*, 1991, pp. 64~75.

Krausse, Alexis(1899), *Russia in Asia. A Record and A Study, 1558~1899*, 2 edition 1900, Reprint 1973.

Kutakov, Leonid Nikolaevich(1988), *Rossiya i Yaponiya*(러시아와 일본), Moskva.

Lee, Yur Bok(1970), *Diplomatic Relations between the United States and Korea, 1866~1887*, N. Y.

———(1988), *West goes to East. Paul Georg von M?llendorff and Great Power Imperialism in Late Yi Korea*, Honolulu.

Lensen, George Alexander(1968), *Russian Diplomatic and Consular Officials in East Asia*, Tokyo.

———(1982), *Balance of Intrigue. International Rivalry in Korea & Manchuria, 1884~1899*, 2 vols, Tallahasse.

Lowe, C. J.(1967), *Foreign Policy of the Great Powers. Volume 1. The Reluctant Imperialists. British Foreign Policy 1878~1902*, London & New York.

———(1967), *Foreign Policy of the Great Powers. Volume 2. The Reluctant Imperialists. British Foreign Policy 1878~1902. The Documents*, London & New York.

Malozemoff, Andrew(1958), *Russian Far Eastern Policy, 1881~1904*, Berkeley.

Narochnitskii, Aleksei Leontevich(1956), *Kolonialnaya politika kapitalisticheskikh derzhav na dalnem vostoke, 1860~1895*(극동에 있어서 자본주의 열강의 식민 정책), Moskva.

Paine, S. C. M.(1996), *Imperial Rivals. China, Russia, and Their Disputed Frontier*, N. Y., London.

Pak, Boris(1979), *Rossia i Koreya*, Moskva, 1979.

———(1999), "Novye materialy ob ustnom soglashenii Ladyzhenskogo-Li khunchzhana 1886g."(1886년 라디젠스키-리훙장 구두 합의에 관한 새로운 자료들), *Problemy Dalnego Vostoka*(『극동의 제문제』), no. 5, pp. 116~124.

Paolino, Ernest N.(1973), *The Foundations of the American Empire. William Henry Seward and U. S. Foreign Policy*, Ithaca.

"Pervye shagi russkogo imperialisma na Dalnem Vostoke(1888~1903)"(극동에서 러시아 제국주의 첫걸음들), KA, 52(1932), pp. 34~124. 영어 번역; "First Steps of Russian Imperialism in the Far East", *Chinese Social and Political Science Review*, XVII/2(1934), pp. 236~281. 장룽추(張蓉初) 번역; "俄帝在遠東關係文書", 『中日戰爭』, 제7책, 1957, pp. 209~318.

Pflanze, Otto(1990), *Bismark and the Development of Germany*, 3 vols, New Jersey.

Porter, Andrew(1999), ed., *The Nineteenth Century. The Oxford History of the British Empire*, vol. 3, Oxford.

Ramm, Agatha(1962), ed., *The Political Correspondence of Mr. Gladstone and Lord Granville, 1876~1886*, 2 vols, Oxford.

Schimmelpenninck van der Oye, David(2001), *Toward the Rising Sun. Russian Ideologies of Empire and the Path to War with Japan*, Illinois.

Steele, David(1999), *Lord Salisbury. A Political Biography*, London.

Synn, Seung Kwon(辛承權)(1981), *The Russo-Japanese Rivalry over Korea, 1876~1904*, Seoul.

Taylor, A. J. P.(1962), "International Relations", *The New Cambridge Modern*

History, XI, pp. 542~566.

Thornton, A. P.(1954~1955), "British Policy in Persia", *English Historical Review*(two parts).

Tsiang, T. F.(蔣廷黻)(1933), "Sino-Japanese Diplomatic Relations 1870~1894", *The Chinese Social and Political Science Review*, 17/1, pp. 1~106.

Walsh, W. B.(1957), "The Imperial Russian General Staff and India", *Russian Review*.

Winks, Robin W.(1999), *Historiography. The Oxford History of the British Empire*, vol. 5, Oxford.

찾아보기

ㄷ

ㄹ

ㅁ

ㅇ

ㅌ

ㅍ

ㅎ